Peter Wild

Die äußeren Meister und der innere Meister

Peter Wild

Die äußeren Meister und der innere Meister

Führung auf dem spirituellen Weg

Mit Anleitungen zur Meditation

Kreuz

Inhalt

Voreingenommen

Heute geht die Zeit der Gurus, der Starzen, der Meister im spirituellen Leben offenbar ihrem Ende entgegen. Diese Menschen trifft man im Osten wie im Westen immer seltener. Eine neue Epoche scheint anzubrechen, in der man »im Geist und in der Wahrheit anbetet«, wie es Christus der Samariterin für kommende Zeiten verheißen hat (Joh 4,23). Die Beziehung zwischen Irdischem und Himmlischem knüpft sich auf eine unmittelbare Weise. Da die Vermittler immer rarer werden, muß der innere Mensch auf den MEISTER lauschen, der in seinem Inneren zu ihm spricht, um ihn liebevoll über sich selbst, seinen Innenraum, seine Tiefendimension zu belehren.

Marie-Madeleine Davy[1]

Ich kann und möchte es nicht bestreiten: Dem Thema dieses Buches gegenüber bin ich voreingenommen. Dazu zählt die Überzeugung, dass es den inneren Meister gibt. Er meldet sich als führende, hilfreiche, erleuchtende Kraft. Wenn Menschen den inneren Meister erfahren, erleben ihn die einen als eine personale Gestalt, andere als eine nichtpersonale, mehr oder weniger konturierte Energie. Ebenso bin ich davon überzeugt, dass fähige Lehrer und Lehrerinnen – um noch nicht den Ausdruck »Meister« und »Meisterin« zu gebrauchen – andere Menschen auf ihrem Weg zur Begegnung mit dem inneren Meister unterstützen können. Sie sensibilisieren ihre Schüler und Schülerinnen für den Kontakt mit dem inneren Meister, sie bereiten die entscheidende Begegnung vor oder interpretieren sie, falls sie bereits stattgefunden hat. Im Gespräch und durch ihr Verhalten spiegeln und klären sie, was sich als Stimme und Anregung des inneren Meisters meldet. Dank ihrer Erfahrung verstehen sie es, den Sinn für die Qualität des inneren Meisters zu wecken. Und eine dritte Überzeugung prägt mich: Spirituelle Lehrer und Lehrerinnen sind nie ein Ersatz für die Erfahrung des inneren Meisters. Wenn sie sich überheblich an die Stelle des inneren Meisters setzen, wenn sie sein Wirken überspielen, aber auch wenn sie zulassen, dass Schüler oder Schülerinnen sie mit dem inneren Meister verwechseln, verhindern sie eine echte und ausgeglichene Weiterentwicklung der ihnen anvertrauten Menschen.

Diese meine Überzeugungen haben mit meiner eigenen Biographie zu tun. Ich durfte und darf erleben, dass ich in entscheidenden Momenten meines spirituellen Weges von kompetenten Menschen begleitet werde, Menschen, die zurückzutreten wissen, wenn ihre Aufgabe erfüllt ist.

Bereits als Jugendlicher von vierzehn Jahren begegnete ich in der Gestalt eines Kartäuserpaters[2] einem echten Meister. Über Jahre hin hatte ich die Möglichkeit, ihn in seinem Haus zu besuchen und in Gesprächen und Briefen seinen Rat zu bekommen. In einer späteren Phase, in der mein eigenes Suchen in die Disziplin und den Reichtum der vielfältigen östlichen Spiritualität eintauchte, waren es beeindruckende Persönlichkeiten, die mich in ihre Traditionen einführten und ihre Erfahrung mit mir teilten – soweit dies von meinem Verständnis her möglich war; unter ihnen Phra Kru Dhamma Sadith in Bangkok, P. Hugo M. Enomiya-Lassalle in seinem Zentrum Akikawa-Shinmeikutsu, Yamada Roshi in Kamakura und – immer wieder im schweigenden Ausharren und Verweilen während der langen Sesshin – Tetsuo Nagaya Kiichi Roshi[3]. Neben diesen Persönlichkeiten möchte ich auch jene Männer und Frauen erwähnen, die mir im Rahmen von Meditationskursen erzählend oder fragend Einblick in ihren persönlichen Weg gewährten. Die Art und Weise, wie sie der inneren Führung vertrauten, aber auch wie sie sich ihrem Alltag und seinen Herausforderungen stellten, war Rückfrage und Hinweis auch für mich.

Es gibt Lehrer und Meister, denen ich gerne von Person zu Person begegnen würde. Doch ist eine solche Begegnung nicht mehr möglich, weil sie in anderen Zeiten zu Hause waren oder an schwer erreichbaren Orten leben. Einige von ihnen haben sich trotzdem in meinen Lebensweg gedrängt: durch Menschen, die ihnen noch begegnet sind und in denen sie weiterleben, und durch Bücher. Ich kenne jene Lektüremomente gut, in denen mein Herz aus seinem gewohnten Rhythmus fällt, weil ein Abschnitt, ein Kapitel, ja ein ganzes Buch daherkommt, als sei es ausschließlich für mich persönlich geschrieben worden ... Ramana Maharshi[4] beschäftigt mich immer wieder, ebenso P. Henri Le Saux, dieser französische Benediktiner, der als Sannyasi den Namen bzw. Titel Swami Abhishiktananda[5] annahm. Auch Mystiker aus dem Sufismus holen mich stets aufs Neue ein, unter ihnen vor allem Dschalaluddin Rumi und Yunus Emre. Begegnen würde ich gerne auch Jesus von Nazareth. – Es ist mir bewusst, dass ich dem Auftrag, unter dem er selbst sein Leben verstand, nicht gerecht werde, wenn ich ihn hier unter andere spirituelle Lehrer und Mystiker einreihe. Aber ich denke mir, dass er in seiner offenen und kompromisslosen Art, auf Menschen zuzugehen, und in seinem Verständnis für Gottes Liebe auch zum Thema der äußeren und inneren Führung Entscheidendes zu sagen hätte. – Gleich zu Beginn möchte ich zudem festhalten, dass zu den Büchern, die mich auf meinem inneren Weg beeinflusst haben, nicht nur die Werke von spirituellen Lehrern und Lehrerinnen gehören, sondern auch literarische Werke.

Bestimmte spirituelle Richtungen legen Wert darauf, dass die Beziehung Meister – Schüler eine lebenslange Beziehung darstellt und von Seiten des Schülers nicht aufgelöst werden kann oder darf, allenfalls von Seiten des Meisters in ein »anderes« Verhältnis umgewandelt werden kann, indem etwa der Meister den Schüler aus der Sphäre eines engen Gemeinschaftslebens in eine weitergefasste Bindung entlässt oder ihm die Lehrautorität bzw. die Eigenständigkeit bestätigt oder auch, im Sinn einer Strafe, ihn aus der Gemeinschaft ausschließt. Doch das Modell einer lebenslangen Beziehung ist nur ein Modell unter vielen. Diese Einsicht ist mir deshalb wichtig, weil die Sehnsucht, endlich dem einen und einzigen Meister zu begegnen, einen für die leitenden Impulse, die in einer Lebensgeschichte oft schon vorhanden sind, blind macht. In meiner eigenen Biographie – und im Leben vieler anderer, die spirituell auf der Suche sind – zeigt sich, dass der »äußere Meister« in vielfältiger Form und phasenspezifisch auftritt. Diese Vielfalt hat selbstverständlich nichts mit jenem »Tourismus von Meister zu Meister« zu tun, der sowohl in der esoterischen als auch spirituellen und therapeutischen Szene bekannt ist, wenn jemand durch den Wechsel zu einem anderen Lehrer jeder Herausforderung und Konfrontation, jeder Veränderung und jedem Prozess ausweicht.

Wie kann ich Sicherheit erlangen, dass ich durch eine innere Instanz geführt werde? Gibt es äußere, den Sinnen und dem Verstand zugängliche Erfahrungen, die die innere Führung zur Gewissheit werden lassen? Diesen Fragen widmet sich der Einstieg im ersten Kapitel *Vom Hören und Erfahren und der Ungewissheit, die bleibt,* und zwar anhand der beiden Hörspiele *Das Jahr Lazertis* und *Allah hat hundert Namen* von Günter Eich.

Im zweiten Kapitel *Die Führung durch den Meister. Impressionen* erläutere ich, wie in den spirituellen Traditionen, die ich selber näher kennenlernen durfte, der Zusammenhang von innerer und äußerer Führung thematisiert und gelebt wird. Diese Erläuterungen sind nicht als eine theoretische Klärung von Lehrmeinungen gedacht. Sie sollen vielmehr dazu dienen, dass die einzelnen Leser und Leserinnen achtsamer auf die Führungsmomente im eigenen Leben achten. Diese Achtsamkeit wird durch die Impulse in den Kapiteln *Das Vertrauen auf den inneren Meister* und *Die Spuren des inneren Meisters* noch gefördert. Ausgehend von den Erfahrungen christlicher Mystiker und Mystikerinnen habe ich Übungsimpulse zusammengestellt, die die Sensibilität für die innere Führung fördern, ja einen Dialog mit der inneren Führung einleiten können. Dass das Vertrauen auf die innere Führung durchaus auch zu Spannungen und dramatischen Konflikten mit der äußeren Führung, einem einzelnen Meister oder einer religiösen Institution, führen kann, zeigt das Kapitel *Braucht der innere Meister die äußeren Meister?*

Der Schluss des Buches betrachtet, wie sein Einstieg, die Thematik noch einmal auf der Ebene von literarischen Texten: *Die Bewegung des Lichtes.* Philippe Jaccottet, ein Schweizer Dichter der französischen Sprache, hat für das Phänomen des Lichtes, des inneren und äußeren Lichtes, eine nuancenreiche Sprache geschaffen. Seine Tagebucheinträge, Reflexionen und Gedichte vermitteln das Geheimnis der inneren Führung vor allem in der Korrespondenz, in der Erfahrung, dass die Wahrnehmungen der äußeren Welt mit der Wahrnehmung der inneren Welt zusammenspielen, dass Außen und Innen sich finden, dass sie sich bedingen.

Im Rahmen meiner eigenen spirituellen Suche habe ich mich innerhalb der großen Weltreligionen bewegt.[6] Und diese Religionen sind in den letzten Jahrhunderten, mindestens auf der Ebene der Führung, von Männern bestimmt worden. Das mag der Grund sein, weshalb ich auf meinem persönlichen Weg vor allem Männern, spirituellen Meistern, begegnet bin und mir beim Schreiben der Ausdruck »Meister« leichter fällt als der Ausdruck »Meisterin«. Es ist mir jedoch klar, dass Frauen nicht nur als Suchende, sondern ebenfalls als Meisterinnen in allen Jahrhunderten, offen oder bloß geduldet, ihren Beitrag geleistet haben. Ich verstehe »Meister« deshalb nicht in einem geschlechtlich ausgrenzenden Sinn. Was den Begriff des inneren Meisters betrifft, so habe ich ihn in der christlichen Tradition nur in dieser männlich ausgeprägten Form kennengelernt; das hängt mit seiner Verbindung zum Christus und über die Christus-Vorstellung zur historischen Person Jesus von Nazareth zusammen. Die weibliche Entsprechung ist, wiederum in der christlichen Tradition, die Gestalt der Weisheit. Die Begriffe bzw. Vorstellungen des inneren Meisters oder der inneren Weisheit müssen, wie die einzelnen Kapitel zeigen werden, in einem bestimmten Erfahrungsmoment revidiert und losgelassen werden, weil der göttliche Grund in der Tiefe des Menschen sich nicht mehr durch die polarisierende, in »männlich« und »weiblich« differenzierende Sprache ausdrücken lässt. Dieser Grund ist nicht einfach dem »inneren Meister« gleichzusetzen, auch wenn Gott uns aus unserem Innern führt, belehrt und stärkt.

Das Gedicht des spanischen Autors Antonio Machado mit seinen Akzenten auf dem einzelnen Augenblick, dem Weg, der Einmaligkeit jeder Biographie, aber auch der Bedeutungslosigkeit des Einzelnen klingt wie ein Echo auf mystische Einsichten. Es kann meine Vorüberlegungen abschließen.

> Wanderer, deine Spuren
> sind der Weg, sonst nichts;
> Wanderer, es gibt keinen Weg,
> Weg entsteht im Gehen.
> Im Gehen entsteht der Weg,
> und schaust du zurück,
> siehst du den Pfad, den du
> nie mehr betreten kannst.
> Wanderer, es gibt keinen Weg,
> nur eine Kielspur im Meer.[7]

Vom Hören und Erfahren und der Ungewissheit, die bleibt

> In einem ebenerdigen Zimmer lag ich und das Fenster war einen Spalt weit geöffnet hinter den Gardinen. In meinem Traum schallte der Gesang der Betrunkenen, die heimgingen, und der Stundenschlag der Paulskirche. Es war kurz nach sechs.
>
> Ich fuhr empor, als ich das Wort vernahm. Jemand, der an meinem Fenster vorüberging, mußte es ausgesprochen haben, im Gespräch und nebenbei, obwohl es das Wort war, das alle Geheimnisse löste. Für seine Dauer war die Welt verwandelt und begriffen, aber im gleichen Hauch war es auch wieder vergessen.[8]

Mit diesen Worten gibt Paul, die Hauptfigur in Günter Eichs Hörspiel *Das Jahr Lazertis*[9], eine Erfahrung wieder, die viele Menschen kennen oder die zumindest zum Bestand ihrer Sehnsüchte und Ahnungen gehört: von außen oder von innen das Code-Wort zu erhalten, das ihr Leben aufschlüsselt und sinnvoll macht.

Paul verlässt sofort das Bett, versucht den »jemand«, der das Wort gesprochen hat, noch einzuholen, erreicht ihn aber nicht, trifft – »Der Zufall war meine beste Hoffnung«[10] – dafür jemand anderen: Laparte. Dieser Zufallsbekannte hilft Paul, dem geheimnisvollen Wort auf die Spur zu kommen, weist ihn aber zugleich darauf hin, dass dieses im Vorbeischweben geahnte Wort, wenn es zu früh in eine konkrete und mit Bedeutung gefüllte Wortform gebracht wird, für immer verborgen bleibt:

> Laparte: Verspielt, mein Lieber! Sie finden es nicht mehr. Hätten Sie noch gewartet mit Ihrem Griechisch und Latein, mit Ihren Vokabeln und Konsonanten!
>
> Paul: Sie tun, als wüßten Sie es.
>
> Laparte: Ich weiß eine Menge Wörter, die ebenso weit davon entfernt sind wie Lazertis. Einmal ausgesprochen, fallen sie wie Steine zur Erde, das Schweben ist vorbei, die Möglichkeit, im Fluge noch näher heranzukommen.[11]

Laparte, eine für Paul enttäuschende und zugleich faszinierende Begegnung – denn der erinnerte Klang Lazertis lässt sich als Lazerte, Eidechse, verstehen, und Laparte als Leiter einer Expedition auf der Suche nach Eidechsen in Brasilien möchte Paul als Maler engagieren. Paul bricht für seine lebenslange Suche nach dem Code-Wort auf. Noch vier weiteren »Hörarten« des geheimnisvollen Wortes wird er, gewollt und ungewollt, begegnen: Laertes, Lazarus, la certitude, La Certosa. Diese Hörarten entsprechen vorerst den Fragen und Lebensthemen jener Personen, denen er begegnet und von seiner Suche erzählt. Sie kreisen aber, schicksalshaft, immer mehr auch sein eigenes Leben ein. Er verbringt, nachdem er sich bei der Pflege des leprakranken Richards – Lazarus, der arme Aussätzige aus dem Lukas-evangelium[12] – selber angesteckt hat, seine restlichen Lebensjahre in der Gewissheit – la certitude –, eine tödliche Krankheit in sich zu tragen[13], in der ehemaligen Kartause – La Certosa –, die als Zufluchtsort der Aussätzigen[14] dient.

In diesem atmosphärisch sehr dichten Hörspiel variiert Günter Eich die Ahnungen, Täuschungen und Enttäuschungen, wie sie auch für die spirituelle Suche typisch sind. Wer sucht, sucht vorerst nach Sinn und Bedeutung. Und wer sucht, ist versucht, das Gefundene als das Endgültige zu betrachten und ihm die Bedeutung des Sinnvollen[15] zu geben. Günter Eich zeichnet in Paul einen Menschen, der um diese Spannung und diese Versuchung der Suche weiß. In vielen Szenen lässt er es für die Leserin oder den Hörer offen, ob das Schlüsselwort für Paul tatsächlich auf gültige Art sinnstiftend wirkt oder ob nicht vielmehr Paul – auch die Figuren, denen Paul begegnet und die sein Wort für ihn oder sich selber weiterformulieren – der Bedeutung dieser Worte zuliebe die Wirklichkeit zurechtrückt; ein Umgang mit der Wirklichkeit, der gefährlich ist, obwohl er zutiefst mit der Sprache verbunden ist, denn jede sprachliche Deutung[16] bleibt in sich noch offen und anfällig für Wünsche. Noch die letzte Szene des Hörspiels lebt vom Experiment »Freiheit«, d.h. von der Frage, ob jemand der schicksalhaften Deutung, die er seinem Lebens gegeben hat, noch entfliehen kann oder nicht. Die letzte Szene lässt uns im Ungewissen, ob Paul wirklich aussätzig ist. Paul spielt – zumindest in der Vorstellung – durch, dass er den Arzt des Leprosenheims unter Druck setzen und dadurch La Certosa jederzeit verlassen kann. Doch belässt er es bei der Vorstellung; er bleibt und verzichtet auf eine weitere Reise: »Immer denkt man, mit einer Reise käme man weiter. Hier ist der Ort, den Sie erreichen konnten.«[17]

Das Jahr Lazertis spielt mit seinen Motiven auf Themen an, die Günter Eich öfters aufgegriffen und gestaltet hat. So z.B. das Motiv des Aussatzes und der Aussätzigenklapper: Der Aussätzige hat, wenn er in die Nähe anderer Menschen kommt, mit einer Klapper auf sich aufmerksam zu machen, damit sie ihn als Gefahr wahrnehmen und nicht angesteckt werden. Günter Eich gestaltet dieses Motiv in der für ihn typischen Wendung, dass wir, wenn wir die Klapper hören und dem Signal einer Ansteckung zum Tode aus dem Weg gehen möchten, gar nicht mehr fliehen können; die Klapper folgt uns, sie ist Teil von uns: Wir tragen die Krankheit zum Tode bereits in uns.

Reise

Du kannst dich abwenden
vor der Klapper des Aussätzigen,
Fenster und Ohren verschließen
und warten, bis er vorbei ist.

Doch wenn du sie einmal gehört hast,
hörst du sie immer,
und weil er nicht weggeht,
mußt du gehen.

Packe ein Bündel zusammen, das nicht zu schwer ist,
denn niemand hilft tragen.
Mach dich verstohlen davon und laß die Tür offen,
du kommst nicht wieder.

Geh weit genug, ihm zu entgehen,
fahre zu Schiff oder suche die Wildnis auf:
Die Klapper des Aussätzigen verstummt nicht.

Du nimmst sie mit, wenn er zurückbleibt.
Horch, wie das Trommelfell klopft
vom eigenen Herzschlag![18]

Im Hinblick auf das Hörspiel lässt sich vom Gedicht her folgern: Das Code-Wort des Lebens, dessen Klang Paul am Neujahrsmorgen gehört hat, kann letztlich nichts anderes als ein Hinweis auf die Vergänglichkeit sein. In seinen letzten Werken hat Günter Eich diese Todesgewissheit in absurde und verspielte Texte umgesetzt; zu Beginn der fünfziger Jahre, als *Das Jahr Lazertis* entsteht, hält er der Resignation noch ein Verwundern entgegen, das dank seiner Intensität und Qualität die Verzweiflung in Grenzen hält. Dieses Verwundern verdankt sich vor allem Naturerfahrungen[19] und immer wieder dem Hören und Gestalten des Wortes im dichterischen Prozess. Während die Kraft des Wortes in frühen Gedichten mit religiösen Ausdrücken[20] umschrieben und so in die christliche Tradition eingebettet wird, fallen in den fünfziger Jahren die dem Wort und der sprachlichen Kommunikation eigene Ebene immer stärker mit Erfahrungen zusammen, die sich der Sprache, und damit auch der Hörbarkeit, vorerst entziehen. Als Beispiele dafür können die beiden letzten Gedichte des Bandes *Botschaften des Regens* gelten:

Nachts

Nachts hören, was nie gehört wurde:
den hundertsten Namen Allahs,
den nicht mehr aufgeschriebenen Paukenton,
als Mozart starb,
im Mutterleib vernommene Gespräche.[21]

Himbeerranken

Der Wald hinter den Gedanken,
die Regentropfen an ihnen
und der Herbst, der sie vergilben läßt –

ach, Himbeerranken aussprechen,
dir Beeren ins Ohr flüstern,
die roten, die ins Moos fielen.

Dein Ohr versteht sie nicht,
mein Mund spricht sie nicht aus,
Worte halten ihren Verfall nicht auf.

Hand in Hand zwischen undenkbaren Gedanken.
Im Dickicht verliert sich die Spur.
Der Mond schlägt sein Auge auf,
gelb und für immer.[22]

Wenn ich dem Ablauf des Hörspiels *Das Jahr Lazertis* folge, fallen mir an der Hauptfigur Eigenheiten und Prozesse auf, die auch in den folgenden Kapiteln im Mittelpunkt stehen werden. Paul hungert nach Sinn, Sinnvorgabe, Deutung und Bedeutung. Er rechnet damit, dass andere darum wissen und ihm durch irgendjemand das richtige Schlüsselwort gegeben werden kann, unabhängig davon, ob diese Person selbst um die tiefe Bedeutung des ausgesprochenen Wortes weiß oder nicht. Dieses Vertrauen setzt voraus, dass er selbst, ahnungsweise zumindest, das Wort kennt und anhand der Schwingung, die das vernommene Wort in ihm auslöst, erfährt, dass es das richtige oder noch nicht richtige Wort gewesen ist. Die Tatsache, dass er diese innere Instanz besitzt und ihr vertraut, ist die Voraussetzung dafür, dass irgendein Zufallstreffer genau die Mitte trifft – aber eben, Zufälle gibt es dann nicht, das Leben, wer sonst?, bringt ihn zu den richtigen Personen.

Die Art und Weise, wie schnell und überzeugt seine Gesprächspartner das jeweils bedeutungsvolle Wort bereit haben, und die Tatsache, dass es – im Falle Bayard: Laertes – auch revidiert werden muss, könnten Paul davor schützen, der eigenen und fremden Deutungslust in die Falle zu gehen. Aber es scheint für Paul leichter zu sein, ein tragisches, der Krankheit verschriebenes Leben zu führen als das Leben als eine offene, sinn- und bedeutungsfreie Provokation auszuhalten. Denn, wie schon angedeutet, die Flucht aus dem Leprosenheim gegen Ende des Hörspiels bleibt Gedankenspiel, wobei sich Paul dadurch rechtfertigt, dass er diese kranken Menschen braucht. Günter Eich hat den Schluss des Hörspiels – wir hören ihn in der Stimme Pauls – sehr offen, damit auch mehrdeutig, gehalten: Verleiht Paul seiner Existenz nochmals einen, den entscheidenden Sinn, indem er sich der Kranken annimmt? Oder verzichtet er resigniert auf die Abreise, weil äußere Veränderungen nichts bringen? Oder führt das Einverständnis mit der Vergänglichkeit zu einer Lebensintensität, die jeden Augenblick, unabhängig von seinem Inhalt, zu einem sinnvollen, lebenswerten Augenblick macht, und zwar ohne auf zusätzliche Deutung und Bedeutung angewiesen zu sein?

> Auch wenn ich davonfuhr, mit dem Schiff, übers Meer, in die Freiheit – blieb nicht die einzige Gewißheit die, daß ich die anderen verlassen hatte? Fuhr ich in die Freiheit? Konnte es noch Zärtlichkeiten ohne Gift geben und Worte, die mich erquickten? Mir fiel ein, daß O'Connor immer elender wurde und Juanita schwanger war, in einigen Wochen sollte der Theaterabend stattfinden, und ich hatte Manuela versprochen, ihre Zelle zu weißen. Professor Fervao wartete darauf, daß ich ihm den siebenten Gesang der Lusiaden vorläse, und man mußte Jorge beschäftigen, dessen Frau sich von ihm hatte scheiden lassen. Feliz hatte mir gestern erzählt, daß Juanitas Kind von ihm war, und Maria würde nicht mehr lange die Teller waschen können, es ging plötzlich schlechter mit ihr. Gewiß, sie konnten alle auch ohne mich sterben, aber ich konnte nicht ohne sie leben.[23]

Der offene Schluss überlässt den Hörern bzw. den Lesern die Entscheidung, wie sie mit dem eigenen Leben umgehen. Durch die starke Betonung der Vergänglichkeit des menschlichen Lebens, die Günter Eich durch die Abfolge der möglichen Code-Wörter – Lazertis / Lazerten / Laertes / Lazarus / la certitude / La Certosa – vorgibt, setzt er die Suche nach Lebenssinn auch unter den Verdacht, dass sie letztlich nur zwei Richtungen kennt: die Vergänglichkeit anzunehmen und auszuhalten oder die Vergänglichkeit zu besiegen, indem das Leben in einen die Vergänglichkeit aufhebenden Bedeutungshorizont gestellt wird.

Günter Eich selber tendiert im Laufe seines schriftstellerischen Schaffens immer stärker zur ersten Richtung, nämlich die Vergänglichkeit anzunehmen und sie auszuhalten, ohne diese bedrohliche Fragwürdigkeit des Lebens durch

Deutungen zu überdecken. Bereits im Hörspiel *Das Jahr Lazertis* wird dies durch zwei bisher noch nicht besprochene Motive verdeutlicht. Gleich zu Beginn des Hörspiels wird Pauls Bemühen, das deutende Wort zu finden, durch Laparte auf dieselbe Ebene gestellt wie das abergläubische Bleigießen in der Neujahrsnacht. Ebenfalls gleich zu Beginn des Hörspiels wird Pauls Freundin Manuela eingeführt, die als Kind eine Begegnung erlebt hat, die in der prägenden Intensität dem Wort, das Paul gehört hat, in nichts nachsteht: Die wortlose Begegnung ist dem Wort verwandt.

> Einige Augenblicke lang sah ich den Mann genau. Er mußte sehr jung sein, hatte eine helle, aber dunkel verbrannte Haut, dünne Lippen und blaue, sehr helle Augen. Mit diesen hellen Augen starrte er unverwandt auf mein Versteck, und es war mir, als bewegten sich seine Lider die ganze Zeit nicht. Noch als er den Kopf gehoben hatte, hatte ich ihn nicht gekannt, aber nach diesen wenigen Sekunden war er mir vertraut, ich kannte ihn seit langem, er war wie ein Bruder, mit dem ich aufgewachsen war, und ich liebte ihn.
>
> Unversehens drehte er sich um und ging den Weg zurück, den er gekommen war. Mir zog sich das Herz zusammen, aber es war selbstverständlich, daß er ging. [...] Er war den Weg heraufgekommen, um die Hecke anzuschauen, hinter der ich verborgen lag, er war gekommen, damit er sich zu erkennen gebe. Das war geschehen, weiter bedurfte es keinen Aufenthalts.[24]

Gegen Ende des Hörspiels, im Leprosenheim, begegnet Paul einer anderen Manuela, einem alten »Niggerweib, das den Aussatz hat«[25]; mit ihr teilt er die Verwandtschaft der Krankheit und Vergänglichkeit. Und er beginnt zu begreifen, dass sich zwischen ihm und ihr eine Begegnung derselben Selbstverständlichkeit und Intensität einstellen kann, wie seine Freundin sie in ihrer Kindheit erlebt hat, wenn er das Maß an der gemeinsamen Todesgewissheit nimmt.

Vier Jahre nach *Das Jahr Lazertis* hat Günter Eich ein weiteres Hörspiel geschrieben, das auf humorvolle Art und Weise viele der Fragen aufnimmt, die sich im Zusammenhang mit dem Thema dieses Buches stellen: *Allah hat hundert Namen*[26]. Der Titel geht auf die islamische Tradition zurück, dass im Koran 99 Namen (Titel, Eigenschaften) für Gott aufgeführt werden und durch die Rezitation und Betrachtung dieser Namen bzw. eines bevorzugten Namens der hundertste verborgene Name Gottes entdeckt werden kann:

> Ich begriff, wohin ich mein Sinnen und Trachten zu lenken hatte: auf den hundertsten Namen Allahs. In ihm liegt das Geheimnis der Welt verborgen. Aber soviel ich auch las, nirgends stand er geschrieben.[27]

Das Hörspiel schildert das spirituelle Lehrer-Schüler-Verhältnis in mehrfacher Brechung. Ein junger Mann sucht, unter dem Diktat der inneren Stimme, die er als die Stimme des Propheten wahrnimmt, Hakim auf mit der Bitte, ihm den hundertsten Namen Allahs mitzuteilen. Hakim, der die Stelle eines Hausmeisters in der ägyptischen Botschaft in Damaskus innehat, will vorerst nicht auf die Bitte des jungen Mannes eingehen, erzählt ihm dann aber, da er von der Echtheit der inneren Erfahrung des jungen Mannes überzeugt ist, seine eigene Lebensgeschichte. Sie macht deutlich, was Hakim auch mehrfach betont, dass er den hundertsten Namen Allahs nicht weiß, ihn also auch als Wort, als Formel nicht weitergeben kann, dass er ihn aber erfahren hat und deshalb zur Erfahrung ermutigen kann.

Hakim selber verdankt der Führung durch die innere Stimme, die Stimme des Propheten, sein Leben, seine Frau Fatime, die berufliche Karriere im Fischhandel, Reichtum und Ansehen. Es ist aber ebenfalls die innere Stimme, die ihn nach der ergebnislosen Lektüre in den philosophischen und mystischen Schriften auf die verhängnisvolle Reise schickt: zu Gewährsleuten, die den hundertsten Namen Allahs wissen. Die drei Begegnungen, die die Stimme des Propheten Hakim in Paris zumutet, verunsichern ihn, denn diese »Wissenden« gehören weder seiner eigenen Religion an, noch ist ihr Leben vom Bildungsstand oder vom moralischen Standpunkt her vorbildhaft. Albert Dupont, ein verschrobener Schuhmachermeister, der sich auf Maßschuhe versteht, die Köchin Janine, die zwar zauberhaft zu kochen weiß, aber letztlich nur an einer einträglicheren Stelle interessiert ist, und die Prostituierte Ninon Dufresne, die durchaus ihre Spezialitäten zu bieten hat, aber allem voran auf finanzielle Unabhängigkeit aus ist: Alle drei Begegnungen – »Meister« – wecken in Hakim allmählich die Ahnung, dass der hundertste Name Allahs nicht ein formulierbares Wissensgut darstellt, sondern eine bestimmte Lebenshaltung: das wertungsfreie, vollendete Gestalten des einzelnen Augenblicks, woraus auch immer dieser Augenblick besteht, eine selbstlose Hingabe an die »Sache« aus der Faszination des Augenblicks heraus.

Erst nach vielen Jahrzehnten ist Hakim fähig die »Lehre« der drei Begegnungen wirklich zu verstehen; seine erste Reaktion war Ärger, Enttäuschung und Bitterkeit[28], denn die Desillusionierung in Paris fiel mit dem Ruin des Fischhandels in der Heimat zusammen, ausgelöst ebenfalls durch die innere Stimme des Propheten, die sich seiner Frau Fatime mitteilte.

Sein Verständnis versucht Hakim dem jungen Mann weiterzugeben:

> Hakim: Inzwischen sind dreißig Jahre vergangen, o Jüngling, und es enttäuscht mich nicht mehr.
>
> Jüngling: Zum Beispiel die Schuhe. Was war Besonderes daran? Sie liefen von selbst, nicht wahr?
>
> Hakim: So sehr von selbst, wie gute Schuhe eben laufen.
>
> Jüngling: Janines Kalbsbraten?
>
> Hakim: Gut, wie ein guter Kalbsbraten ist.
>
> Jüngling: Die Nacht mit Ninon?
>
> Hakim: So schön wie eine schöne Nacht.
>
> Jüngling: Nirgends etwas, das über die Sache hinausgeht.
>
> Hakim: Zugegeben.
>
> Jüngling *unbefangen*: Oder Ihr habt es nicht bemerkt.

Hakim: Ich will Euch nicht abhalten, junger Herr, weiter nach dem Wunder zu suchen, aber sucht es nicht bei mir!

Jüngling: Die Nacht mit Ninon ist vorbei, o Vater der Weisheit, und der Kalbsbraten gegessen. Aber die Stiefel, wenn es gestattet ist, dürfte ich die Stiefel sehen?

Hakim: Die Stiefel habe ich weggeworfen, als sie mir nicht mehr dienten.

Jüngling: Den hundertsten Namen Allahs weggeworfen?

Hakim: O unverbesserlicher Narr! Narr freilich, wie ich selber einer war! Als mir der Star gestochen war, sah und hörte ich den hundertsten Namen Allahs hundert- und tausendfach übersetzt. Im Ruf eines Vogels und im Blick des Kindes, in einer Wolke, einem Ziegelstein und im Schreiten des Kamels.

Jüngling: Das alles ist also –

Hakim: Es kann sein!

Jüngling: Schattierungen!

Hakim: Die vor Eurer Ungeduld nicht gelten.

Jüngling: O Vater der Weisheit, Ihr übersetzt.

Hakim: So nenne ichs –

Jüngling: Ich aber will den Namen, wie er ist.

Hakim: Man muß übersetzen, wenn das Original nicht zu verstehen ist.

Jüngling: Ich bestehe darauf.

Hakim: Geduldet Euch, junger Herr, Ihr besteht auf Eurem Tod![29]

Allah hat hundert Namen bietet dank seinem orientalischen Kostüm Günter Eich die Möglichkeit, naiv und religiös zu erzählen. Die Skepsis, die das erste Hörspiel von Anfang an mitbestimmt hat, scheint zu fehlen. Von den zentralen Stellen her gelesen, ist das Hörspiel allerdings noch skeptischer als *Das Jahr Lazertis:* Erfahrung und sprachlich formulierbares Wissen fallen auseinander. Nur im jeweiligen konkreten Lebensvollzug ist das Göttliche erfahrbar, dadurch aber weder zwingend ersichtlich noch als Lehre fixierbar.

Das Lehrer-Schüler-Verhältnis zwischen Hakim und dem jungen Mann bzw. zwischen Hakim und Dupont, Hakim und Janine, Hakim und Ninon macht deutlich, dass der

Lehrer weniger durch sein Wissen als vielmehr durch seine Art und Weise, im Leben zu stehen, den Schüler formt, sei es als erstrebenswertes, sei es als provozierendes Vorbild. Hinzu kommt, dass Dupont, Janine und Ninon sich ihres Auftrags Hakim gegenüber nicht bewusst sind. Mit anderen Worten: Dem wachen, innerlich geführten Schüler wird jede äußere Begegnung zum Meister, zur Führung. Dies umso mehr, als Hakim und Fatime, seine Frau, erleben müssen, dass sich die Stimme des Propheten widersprechen, sie in den Ruin führen kann: Gott hält sich nicht an die vorgefassten Wünsche und Wertungen der Menschen, ähnlich wie das Leben. – Wenn diese letzten Sätze schon fast programmatisch klingen, so werden sie dem Hörspiel als solchem nicht gerecht, denn es zeichnet den Prozess der göttlichen Desillusionierung, den Hakim erfährt, in einer orientalisch ornamentierten und spielerischen, humorvollen Leichtigkeit nach.

Als Abschluss dieses ersten Kapitels, das unsere Sehnsucht nach innerer und äußerer Führung skizziert, möchte ich mit Überlegungen von Günter Eich selber rechtfertigen, dass diese Skizze anhand von zwei literarischen Werken geschehen ist. In seiner *Rede vor den Kriegsblinden* aus dem Jahre 1953 und in der kurzen Rede *Der Schriftsteller vor der Realität,* die er 1956 im Rahmen einer deutsch-französischen Schriftstellertagung in Vézelay gehalten hat, beschreibt er das Wesen seiner dichterischen Tätigkeit mit ähnlichen Worten wie Hakim seine Suche nach dem hundertsten Namen Allahs.

> Im Grunde meine ich, daß es für alles, was geschrieben wird und also auch für das Hörspiel auf etwas anderes ankommt, was ich Ihnen nicht eigentlich begründen kann, weder kurz noch lang noch überhaupt, und was ich Sie bitten müßte, als eine persönliche Ansicht und ein persönliches Bekenntnis hinzunehmen: Daß es darauf ankommt, daß alles Geschriebene sich der Theologie nähert.

> [...] Was also meine ich? Wir bedienen uns des Wortes, des Satzes, der Sprache. Jedes Wort bewahrt einen Abglanz des magischen Zustandes,

wo es mit dem gemeinten Gegenstand eins ist, wo es mit der Schöpfung identisch ist. Aus dieser Sprache, dieser nie gehörten und unhörbaren, können wir gleichsam immer nur übersetzen, recht und schlecht und jedenfalls nie vollkommen, auch wo uns die Übersetzung gelungen erscheint. Daß wir die Aufgabe haben zu übersetzen, das ist das eigentlich Entscheidende des Schreibens, es ist zugleich das, was uns das Schreiben erschwert und vielleicht bisweilen unmöglich macht.[30]

Die Führung durch den Meister. Impressionen

Die Krypta des Herzens

> Wenn sein Wesen rein ist, kann er den Atman meditierend schauen, den Teillosen, durch die Ruhe der Erkenntnis.
>
> *Mundaka–Upanishad III,8* [31]

Im Fernsehen kommen zur Zeit kurze Hinweise, etwas längere Reportagen und ein ausführlicher Film über die Kumbh Mela in Allahabad. Millionen Menschen wandern und fahren aus ganz Indien in den Wallfahrtsort, um dort im Ganges zu baden. Vor genau vierundzwanzig Jahren, im Januar 1977, steckte ich selber mitten in diesem farbigen Wallfahrtsbetrieb und ließ mich mitziehen: zur entscheidenden Badestelle und in die Zelte der berühmten und unbekannten Gurus. Der eine schenkte mir einen klärenden Satz, der andere einen stummen, ermutigenden Blick; im einen Zelt erregte ich als Europäer Aufsehen und wurde in die Nähe des Guru geschoben, im nächsten kam ich schon am Zelteingang nicht mehr weiter, weil die Menge so dicht um den Guru geschart saß, dass keinerlei Kontakt möglich wurde. Ich erinnere mich gut an diesen Guru-Markt: Er ist mir als etwas Fröhliches in Erinnerung geblieben. Bei aller Ernsthaftigkeit der Suche auf der einen und der Führung auf der anderen Seite wirkte das Überangebot befreiend: Es wird immer genügend Suchende und genügend Erfahrene geben.

Wer bei uns in Westeuropa von einem Meister spricht, meint meistens den »Guru« und denkt sehr schnell an das Lehrer-Schüler-Verhältnis, wie es im Hinduismus in traditionellen, aber auch zeitgenössichen Formen praktiziert wird. Der »Guru« ist bei uns ganz allgemein zum Begriff des spirituellen Lehrers geworden. Diese unsere verallgemeinernde Tendenz deckt sich mit den Gegebenheiten im Hinduismus.

> Der Hindu gelangt durch einen Guru zu Gott. Den Weg zu Gott findet man normalerweise durch die Hilfe eines Menschen, der diesen Weg schon gegangen ist und ihn kennt, nicht vom Hören-Sagen, sondern aus persönlicher Erfahrung. [...]
>
> Sogar die Veden und alle Schriften der Meister gelten nur als Annäherungen. Die Hauptaufgabe des Guru bestand traditionellerweise darin, daß er dem Schüler die Veden vortrug. [...]
>
> Der Guru hat in erster Linie die Veden vorzutragen, dann sie zu erklären, und zwar vor allem die *mahavakyas*[32]. Damit ist aber nur das äußere Handeln des Gurus festgehalten. Der echte Guru ist, eben weil er zur »Verwirklichung« gelangt ist, fähig, in die Seele seines Schülers vorzudringen. Daß er am Tag der Initiation dem Schüler das heilige *Mantra* ins Ohr flüstert, ist ein Symbol für das geheimnisvolle und wirksame Flüstern von Herz zu Herz. Der Schüler ist über seinen Guru mit Gott verbunden, dies allerdings nicht in dem Sinn, daß der Guru vermittelnd zwischen dem Schüler und Gott stehen würde. Viermehr erscheint Gott dem Schüler in der Person des Guru selbst.
>
> Der Guru ist für den Schüler eine authentische Offenbarung Gottes. Deshalb ist nur derjenige ein richtiger Guru, der die »Verwirklichung« erlangt hat.[33]

Diese Sätze, die das Wesen und die Aufgabe des Guru wiedergeben, stammen aus dem Tagebuch *La montée au fond du cœur* von Henri Le Saux (1910–1973). Er hat sie in einem Moment festgehalten, als er in den Jahren nach der Begegnung mit Ramana Maharshi (1879–1950) sich selber mit der Frage auseinanderzusetzen hatte, ob und in welchem Maß ein Guru für ihn als Europäer und christlichen Mönch wesentlich werden konnte.

Dass diese Frage für ihn von Entscheidung war, wird auf dem Hintergrund seiner Lebensgeschichte deutlich: Henri Le Saux wuchs in der Bretagne auf, erhielt in der Familie eine kirchlich geprägte, religiöse Erziehung; er besuchte das

Kleine Seminar in Châteaugiron und das Große Seminar in Rennes, kirchlich geführte Gymnasien, die ihn auf den Besuch des Priesterseminars vorbereiteten. Mit neunzehn Jahren trat er 1929 ins Benediktinerkloster in Kergonan ein. Im Jahre 1935 legte er als Benediktiner in diesem Kloster die feierlichen Mönchsgelübde ab, im selben Jahr wurde er zum Priester geweiht. Zu Beginn des Zweiten Weltkriegs wurde er als Soldat eingezogen. Er geriet 1940 in Gefangenschaft, konnte aber fliehen. In die Abtei konnte er allerdings nicht zurückkehren, denn diese war geräumt worden; erst 1945 kehrten die Mönche in ihre Abtei zurück. Im Jahre 1947 unternahm er die ersten Schritte, um einer inneren Sehnsucht nachzukommen, die er seit 1934 verspürte: als Mönch in Indien leben und wirken zu können. 1948 erhielt er von seinen kirchlichen Vorgesetzten die Erlaubnis, nach Indien zu fahren. Er schloss sich dem Experiment von Jules Monchanin an, der in Südindien einen christlichen Ashram gründen wollte. 1950 errichteten die beiden am Ufer des Flusses Kaveri ihren Saccidananda-Ashram[34]. Henri Le Saux nahm den Namen Abhishiktesvarananda an (übersetzt etwa: »Derjenige, dessen Freude der Gesalbte des Herrn, Christus, ist«), in der Kurzform: Abhishiktananda.

Im Nachhinein gesehen, kam die Gründung des Ashrams für Henri Le Saux zu spät: Das Experiment scheiterte zum einen, da sich keine Interessenten einstellten, die das Mönchsleben in dieser indischen Form mit Henri Le Saux und Jules Monchanin teilen wollten[35], zum andern, weil Henri Le Saux inzwischen, zu Beginn des Jahres 1949, ein halbes Jahr nach seiner Ankunft in Indien, Ramana Maharshi begegnet war und in dieser Begegnung den unüberhörbaren Ruf zur Intensivierung seines mystischen Lebens erfahren hatte. Mit diesem Ruf verbunden war die Einsicht, dass er, verglichen mit den mystischen Erfahrungen eines Ramana, den Menschen in Indien vorerst nichts zu bieten hatte, eine Einsicht, die ihn beschämte und lähmte. Dabei hatte die Begegnung mit Ramana ihn vorerst eher enttäuscht.

Ich begann, mit konzentrierter Aufmerksamkeit auf jenen zu schauen, von dem ich so viel gelesen und gehört hatte. Kein Zweifel, dieser Besuch war ein besonderes Ereignis in meinem Leben. Seit dem Augenblick, da er beschlossen worden war, erwartete ich mit wachsender Ungeduld die Stunde, bis ich in der Gegenwart des Maharshi sein durfte. Etwas *mußte* sich ereignen, wenn er und ich einander leibhaft begegneten. Das stand für mich fest: Dieser Mann hatte für mich eine Botschaft, vielleicht nicht in menschlichen Worten, aber jedenfalls eine spirituelle Mitteilung. Denn das hatte man mir ja gesagt: Das Wort war nur die geringste der Weisen, in denen der Maharshi seine Erfahrung mitteilte.

Jedoch trotz meiner glühenden Erwartung oder vielleicht gerade ihretwegen fand ich mich enttäuscht, und mein Herz fühlte sich immer schmerzlicher berührt. [...]

In allem, was ich sah und hörte, war etwas, das nicht anging. [...]

Angestrengt betrachtete ich diesen Alten: ein Siebzigjähriger mit sehr sanftem Gesicht, sehr schönen Augen – doch was weiter? Seine Haut war hell, wie allgemein die der Brahmanen des Südens, goldig-bronzen. Sein Leib war nackt, wie es dem wahren Asketen entspricht. Außer einem knappen Baumwollstreifen zwischen den Beinen, dem *kaupinam*, trug er nichts. Ausgestreckt auf seinem Diwan, las er ein Buch oder eine Zeitschrift, korrigierte manchmal Druckfahnen, oder er hörte zu, wenn wie es schien, Post vorgelesen wurde, gelegentlich durch eine Kopfbewegung seine Meinung anzeigend.

Inmitten dieser feierlichen Verehrung der Menge, die um ihn herum saß, schweigend, die Augen auf ihn gerichtet, erschien der Mann so natürlich, so »gewöhnlich« wie ein guter Großvater, voll Feinheit und Frieden. Ja, er erinnerte mich an meinen eigenen Großvater. Ich verstand nicht.[36]

Den knappen Tagebuchnotizen ist die Enttäuschung, die Henri Le Saux bei seinem Besuch in Tiruvannamalai und seinem ersten Zusammentreffen mit Ramana Maharshi erfüllte, noch anzuspüren. In seinem Buch *Das Geheimnis des heiligen Berges,* in dem er seine ganze Auseinandersetzung mit Ramana Maharshi und der Advaita-Mystik[37] dokumentierte – aus ihm stammt auch der eben zitierte Bericht –, wird die Begegnung differenzierter und unter dem Eindruck der Wirkungen beschrieben, die sich erst in den folgenden Jahren einstellten.

Henri Le Saux fieberte während seines Besuchs, musste krank den Ashram verlassen und blieb mehrere Tage fieberkrank im Bett. In diesen Fiebernächten lässt er, erzählend, lebendig werden, was er, aus späterer Sicht, der Begegnung mit dem Guru, seinem Guru, verdankte.

> Das Fieber, die Benommenheit, ein gleichsam halb-träumender Zustand, hatten in mir Bereiche des Außer-Bewußten frei gemacht, in denen alles, was ich sah und hörte, ein Echo von umstürzender Intensität hervorrief. Bevor noch mein Denken sie hätte erkennen oder gar aussprechen können, war von irgend etwas in mir, in meiner tiefsten Tiefe, die geheime Aureole des Weisen wahrgenommen worden. Ungekannte Harmonien erwachten in meinem Herzen. Ein Gesang war zu ahnen und besonders ein *Baß*, der alles einhüllte ... In diesem Weisen von Arunachala, dem Weisen dieser Zeit erschien mir der Einzige Weise des ewigen Indien, die niemals unterbrochene Kette der Weisen, der Verzichter, der Seher; es war, als ob Indiens Seele selbst hereinbräche ins Innerste meiner eigenen Seele und sich geheimnisvoll mit ihr vereinigte. Das war ein Anruf, der alles sprengte, alles spaltete, der einen riesigen Abgrund aufriß ... [...]

> In meinen Fieberträumen, nicht wahrhaft wachend, nicht wahrhaft schlafend, tauchte immer wieder der Maharshi auf, es gab keinen Widerstand, der Maharshi mit allen Weisen und Gurus, mit Indien, das alle Zeit übergreift, dessen lebendiges und faszinierendes Symbol er für mich war. In meinen Träumen gab es auch die immer und immer wieder scheiternden Versuche, die gewaltigen Eindrücke, die der Kontakt mit dem Maharshi in mir ausgelöst hatte, so aufzunehmen, daß sie nichts von meinen vorherigen mentalen Konstruktionen zerbrächen – ganz neue Eindrücke, gewiß, aber bereits so gefestigt in mir, daß sie sich niemals mehr würden verjagen lassen.[38]

Mit dieser Beschreibung hält Henri Le Saux ein Erlebnis fest, das ich bei anderen Menschen in ähnlichen Worten wiedergefunden habe: Der Guru vermittelt das Göttliche auf bedrängende Weise, unwiderstehlich weckt er das Bewusstsein für die Gegenwart Gottes im eigenen Leben.

Die Begegnung mit Ramana führte bei Henri Le Saux zu einer intensiven Suche: Mitten in seiner Tätigkeit als Seelsorger und Berater zog er sich immer wieder für längere Zeitperioden in die Einsamkeit und ins Schweigen zurück, sei es in Tiruvannamalai in die Höhlen des heiligen Berges

Arunachala, sei es an anderen Orten in Nord- und Südindien, um die Erfahrungen zu klären, die über ihn herein-
gebrochen waren. Klärung hieß für ihn vor allem auch, sie
mit seinen früheren mystischen Erfahrungen und deren
Deutung im Rahmen der christlichen Theologie zusam-
menzubringen. Es kamen Jahre, da er sich zu einem Dop-
pelleben gezwungen sah: Nach außen war er der inspirie-
rende christliche Priester, der andere begleitete und in
ihren kirchlichen Aufgaben stützte, doch innen durchlitt er
schmerzhafte Zweifel, da seine mystischen Erfahrungen
nicht mehr mit der ihm vertrauten Theologie zu bändigen
und schon gar nicht mehr in eine für die kirchliche Mis-
sionstätigkeit brauchbare Botschaft umzusetzen waren. Zudem ahnte er, dass er sich noch einmal der bewussten Begegnung mit einem Guru auszusetzen hatte – Ramana
Maharshi war im Frühjahr 1950 gestorben –, ungeachtet
dessen, dass ihn eine solche Begegnung noch stärker aus
der kirchlichen Tradition herausreißen würde. Denn was er
im Tiefsten weitergeben wollte, konnte er nur im Durchgang durch diese Erfahrungen erlangen. 1953 notierte er
sich in sein Tagebuch:

> In der persönlichen Entdeckung der *Advaita*-Erfahrung im Arunacha-
> la[39] habe ich letztlich Frieden und die Kraft zum Leben wiedergefun-
> den. Welcher *Guru* wird mir das Licht schenken?
>
> Ich bete als Christ, aber ich merke genau, daß alle diese Worte etwas
> Äußerliches sind. Die Wahrheit, die *quietas*, ist einzig in der ihr eige-
> nen Quelle, im Innern. Der *Guru* kommt, wenn man bereit ist, sagt eine
> hinduistische Weisheit. Und was ist der Guru im Tiefsten denn anderes
> als die Projektion dieses Durstes des Selbst nach außen?[40]

Zwei Jahre später begegnete er dem Weisen Gnanananda
und »machte«[41] ihn zu seinem Guru. Aus einer Distanz von
fünfzehn Jahren erzählte er im Buch *Das Feuer der Weisheit*
auch von dieser Begegnung.

Im Anschluss an die ersten Gespräche mit Sri Gnanananda umschreibt er in diesem Buch noch einmal das Wesen
des Guru.

Unvergleichlich wichtiger als die Begegnung mit Dingen und Orten, mit Zeremonien, denen man beiwohnt oder die man selbst ausführt, mit den Heiligen Schriften, die man liest oder über die man meditiert, mit Vorträgen, die man hört, ist die Begegnung mit den Menschen, in deren Herzen sich das Unsichtbare enthüllt hat und durch die sein Licht in heller Klarheit leuchtet – das ist das Mysterium des *Guru*. [...]

Der Guru und der Schüler bilden zwei Pole, die sich gegenseitig anziehen und die zusammengehören; sie existieren nur in der Beziehung zueinander. Sie sind ein Paar auf dem Weg zur Einheit. Eine nichtduale Ergänzung in der endgültigen Wirklichkeitserfahrung.

Der Guru ist nicht irgendein Meister oder ein Lehrer oder Prediger, auch kein Seelenführer, der aus Büchern oder von anderen Menschen gelernt hat, was er seinerseits lehrt. Der Guru ist im Gegenteil jemand, der selbst in die Wirklichkeit eingedrungen ist und aus persönlicher Erfahrung den Weg kennt, der zu ihr führt; er ist jemand, der einzig in der Lage ist, den Schüler auf diesem Weg einzuweisen und unmittelbar die unaussprechbare Erfahrung – die er selbst besitzt – im Herzen seines Schülers zu wecken: dieses durch und durch transparente, so reine und klare Bewußtsein, ganz einfach, daß »er ist«. Ist das Mysterium des Guru nicht eigentlich das Mysterium des Seelengrundes? Wer dem Guru gegenübersteht, steht der nicht seinem eigenen »Selbst« gegenüber, sieht der nicht in die verborgenen Kammern seines eigenen Wesens?

Die Begegnung mit dem Guru ist eine wesentliche Begegnung, der entscheidende Wendepunkt im Leben eines Menschen. Doch diese Begegnung kann nur stattfinden, wenn man die Bereiche der Sinne und des Denkens überschritten hat. Ihr Ort ist jenseits, im »Seelenfünklein«, wie die Mystiker sagen.

Die menschlichen Begegnungen lassen Dualität bestehen. Bestenfalls kann eine Verschmelzung stattfinden: Zwei Menschen *werden* eins in der Liebe und in der Sehnsucht. In unserem Fall jedoch kann nicht mehr von Verschmelzung die Rede sein, denn wir sind auf der Ebene der uranfänglichen Nichtdualität. Wer nicht zunächst in seiner Begegnung mit dem Guru Advaita existentiell erfahren hat, dem bleibt er für immer unverständlich.

Was der Guru sagt, strömt aus dem Herzen des Schülers hervor. Es ist nämlich nicht ein »anderer«, der zu ihm spricht. Er empfängt nicht etwa Gedanken, die von außerhalb kommen, die die Sinne ihm übermitteln. Wenn der Klang der Worte, die der Meister spricht, an das Ohr des Schülers dringt, wenn sein Blick den des Schülers trifft, dann werden die Gedanken, die in seinem eigenen Innern, in jenem nunmehr entdeckten Innenraum des Herzens gefangen liegen, befreit und offenbaren ihm sein Selbst.

> Welche Bedeutung haben also die Worte, die der Guru gebraucht? Ihre ganze Kraft liegt in ihrem inneren Widerhall. Wer seinen Guru sieht, wer ihm zuhört, erlebt die Epiphanie seines eigenen wahren Selbst, der Tiefe seines Wesens, die wir doch alle, auch wenn wir uns dessen nicht bewußt sind, ersehnen.
>
> Der wirkliche Guru lebt in unserem Inneren; er läßt ohne den Lärm der Worte in der aufmerksam hinhorchenden Seele das ›Du bist Das‹, das tat tvam asi der vedischen Rishis erklingen. Und dieser wahre Guru nimmt in dem Augenblick irgendeine äußere Form an, wenn Hilfe notwendig ist, um dem Schüler über die letzte Hürde zu helfen.[42]

Henri Le Saux vermittelt mit diesen Sätzen nicht nur das Wesen des Guru, sondern auch etwas von der befreienden Kraft, die sich in einer Begegnung vom Lehrer auf den Schüler übertragen kann. Auf der Basis seiner eigenen Erfahrungen weist Henri Le Saux auf die Methoden und Praktiken hin, die in einem traditionellen Lehrer-Schüler-Verhältnis eine Rolle spielen können: Unterweisung, modellhaftes Leben, Initiation. Zudem reflektiert er, inspiriert durch die Grundgedanken der Advaita-Mystik, die er durch Ramana Maharshi kennengelernt hat, den theologischen Horizont der Lehrer-Schüler-Beziehung. In seinen Worten wird der »Normalfall« einer solchen außerordentlichen Begegnung nachvollziehbar.

Greifbar in Büchern und Filmen liegen uns heute verschiedene Erfahrungsberichte sowohl von »Meistern« als auch von »Schülern« vor: Mehr oder weniger ausführlich und mehr oder weniger intim erzählen sie von der Innigkeit, aber auch vom dramatischen Verlauf, den eine solche Beziehung nehmen kann. Es liegen zudem wissenschaftliche Studien[43] vor, die die Einzelerfahrungen abrunden und sie in den religiösen und kulturellen Rahmen Indiens stellen. Jacques Vigne zum Beispiel bietet im ersten Teil seines Buches *Le maître et le thérapeute. Un psychiatre en Inde* einen Überblick über die Tradition des Guru und weist seine selbstverständliche Bedeutung in den maßgebenden Schriften des Hinduismus nach. Von den frühen vedischen

Schriften über das Epos *Mahabharata* bzw. die in ihm enthaltene *Bahagavad-Gita* bis hin zu den tantrischen Schulen spielt der Guru eine zentrale Rolle: Er bereitet auf die jeweils neue Erfahrung vor, er initiiert den ihm anvertrauten Schüler und deutet ihm diese neue Erfahrung. Jacques Vigne weist überzeugend nach, wie auch in anderen religiösen Traditionen Indiens[44] die Rolle des Guru übernommen wurde, selbst wenn sich diese Traditionen in ihrer Entwicklung vom Hinduismus wegbewegten. Aus dem persönlichen Kontakt mit dem »Guru-Milieu« heraus vermittelt Jacques Vigne im zweiten Teil seines Buches die unterschiedlichen Konsequenzen des Lehrer-Schüler-Verhältnisses im konkreten indischen Alltag. Für Inder und Inderinnen ist es selbstverständlich, dass ein »spiritueller Fortschritt« nur dank eines Guru möglich ist; bei Menschen, die ihre höchsten religiösen Erfahrungen ohne Guru gemacht haben, nehmen sie an, dass dies nur aufgrund der Erfahrungen und Begegnungen in früheren Leben möglich gewesen ist. Die erste Begegnung mit dem Guru ist meistens mit einer großen »Erschütterung« verbunden, gemeint ist, dass diese erste Begegnung dem Schüler auf bestürzende Art und Weise die vorgegebene innere Verbundenheit mit dem Lehrer bewusst macht. Die Unterweisung durch den Meister kann in einzelnen Begegnungen und Gesprächen stattfinden, kann sich aber auch im Rahmen eines gemeinsamen Lebens (Ashram) abspielen, sodass der Schüler Tag für Tag im Einflussbereich des Meisters lebt. Die Tatsache, mit einem Guru über Jahre oder Jahrzehnte fest verbunden zu sein, schließt nicht aus, dass man auch andere Gurus verehrt und ihren Segen holt. In Indien wird das Lehrer-Schüler-Verhältnis gern unter dem Bild des Spiels betrachtet: Die göttliche Energie spielt, indem sie sich auf zwei Rollen verteilt, sowohl die Rolle des Lehrers als auch die Rolle des Schülers. Spiel kann dabei auch wörtlich verstanden werden: Der Meister bestätigt den Schüler, indem er sich ihm zuwendet, und verunsichert ihn, indem er sich ihm entzieht. Durch diese spielerische Willkür lockt er ihn immer stärker von vordergründigen Motiven weg.

Jacques Vigne versucht, gegen Ende seines Buches eine schwierige Aufgabe zu lösen, nämlich Kriterien aufzustellen, die es erlauben, einen echten von einem falschen Guru zu unterscheiden. Vorweg sichert er sich in doppelter Hinsicht ab, indem er betont, dass wir im Westen das Gespür für die spirituelle Authentizität einer Person weniger entwickelt haben als die Menschen in Indien, wir uns deshalb auch schnell einmal irren, und dass es leichter ist, herauszubekommen, ob der Guru für einen selbst richtig, d.h. echt ist, als über das Lehrer-Schüler-Verhältnis einer anderen Person zu entscheiden. Jacques Vigne warnt seine westlichen Leser und Leserinnen vor oberflächlichen Kriterien wie Berühmtheit und Anerkennung, Atmosphäre und bestechendem Lehrtalent.

> Wenn der Schüler dem Sadguru begegnet, merkt er es: Er spürt dessen absichtslose Liebe. Dann muß er eine längere Beziehung zu ihm aufbauen, um seinen ersten Eindruck zu bestätigen oder zurückzunehmen, auch wenn dieser für ihn scheinbar klar war. Es heißt, daß nur ein Weiser einen anderen Weisen erkennen kann. Das stimmt, wenn man von einer »sicheren Erkenntnis« sprechen will. Ein spirituell Suchender kann sich von der Qualität eines Guru ein Bild machen, wenn er auseinanderzuhalten versucht, was für ihn spricht und was gegen ihn spricht. Das führt nicht zu einer mathematischen Sicherheit, es gleicht mehr einer medizinischen Diagnose, einer Vermutung aufgrund eines Bündels von Argumenten.[45]

Jacques Vigne schließt sich der Forderung Ramakrishnas (1836–1886) an, dass nur jemand die Aufgabe des Guru wirklich erfüllen kann, der in der Meditation die Erfahrung von *savikalpa samadhi* gemacht hat, die Erfahrung der Ekstase: jenseits der Gedanken in Gott zu ruhen. Und im Blick auf für uns unerklärbare, vielleicht sogar abstoßende Formen des Lehrer-Schüler-Verhältnisses, warnt er:

> Gelegentlich scheint uns eine Guru-Schüler-Verbindung etwas Pathologisches zu haben wie gewisse Liebespaare. Doch es ist schwierig, das

von außen zu beurteilen. Vielleicht brauchen die beiden es, um überhaupt leben zu können und das Gleichgewicht zu finden. Vielleicht wären sie als Einzelpersonen noch schlechter dran, oder sie würden Selbstmord begehen. Es gibt ganz unterschiedliche Qualitätsstufen, sowohl bei der Frage als auch bei der Antwort auf diese Frage. Die Tradition hat immer darum gewußt, daß Zusammenzubleiben, und zwar im Guten und im Argen, auch seine Würde besitzt. [...]

Der Schüler stößt in bestimmten Phasen seines Weges auf Hindernisse, er steht wie vor einem Steilhang. Von oben wirft ihm der Guru ein Seil zu – und dann geht es um die Frage, wie die Kräfte verteilt sind: Ist der Guru der stärkere, so zieht er den Schüler nach oben, ist der Schüler der stärkere, so bringt er den Guru zu Fall.

Man bleibt bei seinem Sadguru bis zum Augenblick der Befreiung, auch wenn sie erst nach mehreren Leben eintritt, wie die hinduistische Tradition betont. Als Ma Anandamayi einmal diese Ansicht vertrat, fragte sie ein Besucher: »Und wenn man den Sadguru doch wechselt?« Und sie antwortete in einer ganz einfachen Logik: »Wenn Sie zu einem andern wechseln, so war er nicht Ihr Sadguru.«[46]

Ein bereits klassisches Beispiel der Führung durch den Guru und der Entdeckung des eigenen Lebens als Guru ist die *Autobiographie eines Yogi* von Paramahansa Yogananda[47], die 1950 ein erstes mal auf Deutsch aufgelegt wurde. Der Autor zeichnet sein eigenes Leben als ein von innen und außen geführtes und beschütztes Leben; alles dient der Entfaltung seiner großen Aufgabe. Seine Autobiographie verkörpert das grundsätzliche Vertrauen eines gläubigen Hindu auf die göttliche Führung, ein Vertrauen, das auch mit Wundern selbstverständlich rechnet. Die *Autobiographie* hat die Sehnsucht vieler westlicher Menschen geweckt, diese Art von Vertrauen wieder zu entdecken. Als Gegenpol dieser *Autobiographie* können das Leben und der Lehrstil von Ramana Maharshi betrachtet werden. Das Todeserlebnis, das 1896 den Siebzehnjährigen verunsichert und ihn einen guten Monat später nach Tiruvannamalai zum heiligen Berg Arunachala aufbrechen lässt, um dort ein ganz dem Absoluten geweihtes Leben zu führen, vollzieht sich ohne ersichtliche Vorbereitung und ohne Begleitung durch einen Guru. Es handelt sich nach den Worten von Felix Helg bei Ramanas Erfahrungen um typische Erleuchtungserlebnisse, um Einsichten in die »letzte« Realität oder um Erfahrungen des Absoluten, wie auch immer man sie nennen mag. Außergewöhnlich daran ist die Tatsache, daß diese Erlebnisse spontan, ohne langes vorheriges Üben, eintraten. Üblicherweise stellen sich solche Erfahrungen erst nach langen Perioden intensiven Bemühens ein.[48]

Ramana Maharshi widerspricht mit seinen eigenen Erfahrungen der Vorstellung, dass für eine spirituelle Entwicklung ein Guru notwendig ist. Als Lehrender und Mittelpunkt seines Ashrams hat Ramana Maharshi zwar mehr oder weniger selbstverständlich auch die Aufgaben des Guru wahrgenommen, vor allem in der Form von Lehrgesprächen, durch seine schweigende Präsenz und seine Art und Weise, die Besucher anzublicken. In seinen Äußerungen und Gesprächen aber wird mehrfach deutlich, dass er dem inneren Guru die entscheidende Wirksamkeit zumutet. Der äußere Guru ist für ihn die Folge des inneren Guru.

Die Konzentration auf Gott als Symbol der Vollkommenheit führt zu einer inneren Reifung, bis schließlich Gott in menschlicher Form als Guru zum Schüler kommt und ihm hilft, die nach außen gerichtete Aufmerksamkeit nach innen zu wenden.

[...] Aufgabe des äußeren Guru ist es, dem Schüler dabei zu helfen, sich am inneren Guru, dem Selbst, zu orientieren. Ramana hat das einmal beschrieben, indem er kurz vor seinem Tod sagte, es sei die Hauptaufgabe des Guru, die Gewissheit seiner Existenz in den Herzen seiner Schüler zu verankern. Wenn das geschehen sei, sei er frei, seinen Körper zu verlassen. Das ist ein deutlicher Hinweis, daß sich Ramana seiner Funktion im Ashram sehr wohl bewußt war, auch wenn er diese Rolle formell nie angenommen hatte.

Vom absoluten Standpunkt aus kann der Guru überhaupt nichts tun für seinen Schüler, denn das Selbst ist ja schon in uns. Letztlich kann es also keine Einweihung, keine Kraftübertragung (*shaktipat*) vom Meister auf seine Schüler geben, denn dieser hat bereits alles, was er braucht. Der wirkliche Guru ist in uns. Ein Lehrer ist ja nur dann nötig, wenn wir etwas Neues lernen wollen, während es beim spirituellen Weg darum geht, etwas zu verlernen.[49]

Felix Helg hat in seinem Buch *Psychotherapie und Spiritualität* ein eindrückliches Porträt von Ramana Maharshi gestaltet; er stellt seine Art zu lehren und Menschen zu führen den Vorstellungen und Grundsätzen moderner Psychotherapieschulen gegenüber. Auf dem Hintergrund des einfachen, anspruchslosen, eindrücklich konsequenten Lebens, das Ramana geführt hat, macht sich Felix Helg an die Aufgabe[50], die bereits Jacques Vigne zu lösen suchte, nämlich Kriterien und Maßstäbe für den echten Guru aufzustellen. Ausgangspunkt für ihn ist dabei die Frage, wie es bei Gurus in Indien, in den USA und in Europa zu Fehlverhalten kommen konnte, zu Verhaltensweisen, die mit einem Erleuchtungszustand nicht zusammengebracht werden können. Felix Helg versucht zu unterscheiden zwischen der Essenz des Guru, die perfekt ist, und seiner Manifestation in der Welt, die als solche nie vollkommen sein kann. Er zieht es vor, nicht so sehr von erleuchteten Menschen zu sprechen, sondern von erleuchtetem Handeln. Tatsächlich berührt er mit dieser Frage ein Thema, das in den letzten Jahrzehnten nicht nur zum Stoff der Klatschpresse geworden ist, sondern die spirituelle Führung als solche in Misskredit gebracht hat. Einzelne spirituell suchende Menschen sind durch das Verhalten von Lehrern und Meistern zerstört, ganze Gruppen in den Tod getrieben worden. Die Fälle solcher destruktiv wirkender Meister liegen unterschiedlich; gelegentlich lässt sich das asoziale Verhalten des Meisters durch die Tradition oder den Willen zur Provokation erklären, oft sind aber auch das unkontrollierte Streben nach Macht und das Suchtverhalten (Sexualität, Alkohol, Drogen) ihre Triebfedern, sodass es zur Ausnützung der Abhängigkeit, ja sogar zu Missbrauch kommen kann.

Bei dieser kurzen Hinführung zur Bedeutung des Guru im Hinduismus habe ich viel zitiert: vor allem Aussagen von Personen, die selber mit einem Guru in Kontakt waren oder sogar für andere zum Guru wurden. Mir persönlich gefällt an den ausgewählten Texten, dass sie von der Bedeutung des Guru, aber ebenso deutlich von der entscheidenden inneren Instanz sprechen, die den Einzelnen leitet und garantiert, dass eine äußere Leitung gelingen kann. Für den Hindu ist dies in seiner Sprache Atman, das göttliche Selbst im Menschen, die unzerstörbare Seelenmitte. In der Mundaka-Upanischad, einem der klassischen Texte des Hinduismus, wird die Erfahrung des Atman mit den folgenden Worten wiedergegeben:

> Offenbar und doch verborgen
> regt Es sich in der Höhle des Herzens,
> genannt der »höchste Ort«.
> In Ihm hat alles seinen Bestand,
> was sich bewegt und atmet und die Augen öffnet.
> Erkenne Ihn als Sein und Nichtsein,
> als den Gegenstand der Sehnsucht:
> Er, das höchste aller Wesen,
> jenseits allem Erkennen.
> Das Leuchtende, feiner als das Feinste,
> in dem alle Welten enthalten sind und all ihre Bewohner:
> Dieses ist auch das unvergängliche Brahman,
> Es ist (auch) Atem, Wort und Geist.
> Es ist Wahrheit und Unsterblichkeit.
> Dies ist das Ziel, das zu durchdringen ist,
> durchdringe es, mein Lieber![51]

In der Höhle, in der Krypta des Herzens wohnt Gott. In dieser Innenerfahrung ist Gott dem Menschen gegenwärtig, kann aber nicht mehr in die menschliche Welt der Vorstellungen und Wertungen eingeordnet werden. In diesem Sinn entzieht er sich jenem Erkennen, das von Gegensätzen ausgeht – eine Erfahrung, die uns Menschen ängstigt, eine Erfahrung, die es plausibel macht, dass ein erfahrener Mensch auf uns zutritt und uns begleitet, damit die Angst nicht übermächtig wird und wir uns nicht orientierungslos verlieren.

Bei der Hochzeitsfeier von Maya und Christian, eines mit mir befreundeten Paares, habe ich Herrn Dasappa Keshava gemeinsam mit seiner Tochter Anjali tanzen sehen. Ich bestaunte die Präsenz der beiden, ihre Leichtigkeit der Körperbeherrschung, die pantomimische Ausdruckskraft, mit der Gestalten und Geschichten der hinduistischen Mythologie dargestellt wurden, und die Freude, uns Hochzeitsgäste an einer ganz wesentlichen Kunst teilhaben zu lassen. Bei meinem Aufenthalt in Indien hatte ich vor Jahren mitbekommen – inzwischen waren meine Kenntnisse durch die Bilder von Fernsehfilmen erweitert worden –, wie die traditionellen Künste weitergegeben wurden. Vor allem in Varanasi und Umgebung hatte ich tagelang beobachten und mithören können, wie Kinder, Jugendliche und Erwachsene im Tabla-Spiel und im Spiel der Sitar unterrichtet wurden. Beide Gurus unterrichteten mit einer harten Disziplin. Unvergesslich, wie der Tabla-Guru quer durch einen großen Raum und durch den Lärm all der Übenden hindurch einen Schüler fixierte, ihm den Namen eines bestimmten Rhythmus zurief oder ihm den Rhythmus lautmalerisch skandierte, und der Schüler war wieder für einige Zeit beschäftigt. Als ich Herrn Keshava und seine Tochter tanzen sah, wurde in mir der Wunsch wach, ihn nach seiner Ausbildung und seinem Tanz-Guru zu fragen und danach, wie weit die Tanzausbildung für ihn auch einen spirituellen Charakter hatte.

Nun sitze ich ihm gegenüber in seinem Tanz- und Yogastudio in Basel. Als er meine Fragen hört, bedauert er: Ich hätte am Morgen kommen sollen, als er mit einer Gruppe meditierte und er zu diesen Menschen über die innere Führung sprach. »Guru« ist, die Geste seiner Hände unterstreicht es, zwar ein gutes Wort, und doch vermeidet er es, hier in Europa und in Indien. Seiner Ansicht nach gibt es zu viele, die die Guru-Rolle nur spielen und vortäuschen. Er selber ist, sowohl im Rahmen der Tanzausbildung als auch auf spiritueller Ebene, solchen Fassade-Gurus begegnet. Er bezeichnet sie – und meint damit etwas Negatives – als Schauspieler.

Als ich auf dem »Guru« und seiner positiven Bedeutung beharre, beginnt sein Gesicht zu leuchten: Sein erster und zugleich ein schwer zu übertreffender Guru war für ihn sein eigener Vater. Dasappa Keshava ist in Mysore im indischen Bundesstaat Karnataka zur Welt gekommen. Seine Familie umfasst die Elten, zehn Kinder und andere Angehörige und Verwandte. In der Familie wird selbstverständlich religiös gelebt, jeder Tag beginnt mit einem Gottesdienst. Der Vater liebt und pflegt die mit der Religion verbundene Philosophie, fast jeden Abend ist er mit Sadhus, die zu Gast sind, in philosophische Gespräche verwickelt. Im Schutz dieser väterlichen und familiären Religiosität können sich die Offenheit für die innere Gegenwart Gottes und der Sinn für die inneren Werte heranbilden. Dasappa Keshava gesteht, dass sie ihn noch nie verlassen haben und, fügt er lachend hinzu, vermutlich mit ein Grund sind, weshalb er falsche Gurus schnell durchschaut.

Dasappa Keshava bildet sich als Maschinenbauzeichner aus und schließt die Ausbildung mit einem Diplom ab. Dann erst, im Alter von zweiundzwanzig Jahren, wendet er sich dem Tanz zu und studiert an der Universität Mysore, als einziger Mann unter sechzig Frauen, den Tempeltanz. Er hat das Glück, unter der Anleitung einer berühmten Tempeltänzerin üben zu können. An der Universität Mysore, als er bereits selber Tanz unterrichtet, lernt er auch seine zukünftige Frau kennen, eine Schweizerin …

Als Yoga-Lehrer und als Tänzer bzw. Tanz-Lehrer kehrt er regelmäßig nach Indien zurück, um bei anerkannten Meistern und Meisterinnen weiterzuüben. Es sind alte Menschen, von denen er gern erzählt: ein 92jähriger Yoga-Lehrer, der noch jeden Tag sein Programm praktiziert und vollständig gesund ist, eine 71jährige ehemalige Tänzerin in Madras, die mit einer einmaligen Intensität und spirituellen Kraft tanzt und Tanz vermittelt. Bei solchen Menschen lässt er den Guru-Titel ohne Fragezeichen gelten.

Ich frage Dasappa Keshava nach seiner eigenen Rolle, ob er sich selber als Guru versteht und ob er von den Männern und Frauen, die ihn als Yoga- bzw. als Tanzlehrer aufsuchen, nicht oft in die Rolle des Guru gedrängt wird. Er lacht, und die Hände wehren ab. Er selber versteht sich nicht als Guru, sondern als Freund. Die Einzelheiten, anhand derer er mir den Charakter seiner Yoga-Lektionen und seiner Arbeit mit Einzelnen erläutert, lassen darauf schließen, dass er tatsächlich mit freundschaftlichem und therapeutischem Geschick vorgeht. Ich habe auch den Eindruck, dass ihn der tiefe Wunsch bewegt, seine Schülerinnen und Schüler zu jener Wahrheit zu führen, die ihn selber leben lässt. Doch ihre innere Freiheit ist ihm wichtig. Nie würde er mit Überredungskunst oder suggestiver Kraft andere beeinflussen wollen, selbst wenn er wahrnimmt, dass sie sich mit vordergründigen Zielen zufrieden geben.

Es stellt sich heraus, dass wir beide fast gleich alt sind, und so verhandeln wir auch unsere »Alterspläne«. Nun klingt für meine Ohren doch noch etwas vom Guru durch. Oder ist es einfach die Sehnsucht nach der indischen Großfamilie, in der er sich als Kind geborgen gefühlt hat? Denn Dasappa Keshava erzählt mir, dass er im Alter wieder nach Indien zurückkehren möchte, auf ein größeres Gut, in dem er mit etwa vierzig Menschen unterschiedlichen Alters, mit Erwachsenen und Kindern, zusammenleben kann, wo der Alltag gemeinsam gestaltet, getanzt, gebetet, meditiert wird, wo für ihn nicht mehr die Berufsverpflichtungen und die finanziellen Absicherungen im Vordergrund stehen, wo er für andere einfach das Herz sein kann, jenes Herz, das um die Gegenwart Gottes weiß.

Die Blüte und ihr Lachen

Niemand ist nachzuahmen, nicht einmal der Meister.

Jacques Brosse[52]

Die Zen-Meditation spricht in ihren Lehrtexten nicht von einer Höhle oder Krypta des menschlichen Herzens, in der Gott gegenwärtig ist. Aber sie ringt um die Sammlung des Geistes, und der »Geist, der hier angesprochen wird, ist nicht der Geist eines individuellen Menschen, sondern der universelle GEIST [...], der jede Dualität transzendiert«[53]. Die Zen-Meditation bietet eine Methode an, die ebenso bewusstseinsverändernd wirken kann wie der spirituelle Weg der hinduistischen Tradition. Auch hier werden die gewohnten Kriterien, mit denen wir uns im Alltag zurechtfinden, als für die innere Entwicklung ungenügend, ja hinderlich beiseite geräumt. Auch hier kann oder muss uns deshalb jemand Erfahrener begleiten, damit wir uns nicht orientierungslos verlieren.

Dass diese Begleiter sich irren können, ja dass eine so genannte Erleuchtungserfahrung nichts über Klugheit und Intelligenz eines Menschen aussagt und keineswegs Charakter und Eigenständigkeit bedeuten muss, hat für den japanischen Zen-Buddhismus Brian A. Victoria dokumentiert. Ich habe sein Buch *Zen, Nationalismus und Krieg. Eine unheimliche Allianz*[54] mit Erschrecken und Wut gelesen. Ich habe nachträglich verstanden, weshalb Japaner und Japanerinnen in den siebziger Jahren mit wachsendem Erstaunen zur Kenntnis nahmen, dass Christen aus dem Westen immer zahlreicher nach Japan kamen, um sich kürzere oder längere Zeit dem Zen-Training zu widmen, da doch »die Zen-Schulen eine solche Vergangenheit« hatten ..., wie die nicht weiter ausgeführte Äußerung meistens lautete.

Zen, Nationalismus und Krieg befasst sich mit der zweiten Hälfte des 19. Jahrhunderts, mit den japanischen Kriegsaktivitäten im 20. Jahrhundert und dem »Unternehmens-Zen« in der Zeit nach dem zweiten Weltkrieg. Brian A. Victoria beschäftigt vor allem die Tatsache, wie leicht sich Buddhisten – »gemessen an den grundlegenden Lehren Buddha Shakyamunis dürfen die Anhänger des Buddhismus [...] weder am massenhaften Niedermetzeln von Menschen, wie es im Krieg geschieht, teilnehmen noch aus irgendeinem anderen Grunde Menschen töten«[55] –, sogar anerkannterweise »erleuchtete« Buddhisten in die Maschinerie des japanischen Nationalismus und der Kriegsbegeisterung einspannen ließen, ja sie sogar antrieben. Dank seiner minutiösen Nachforschungen kann er die Verbindungen von buddhistischen Schulen mit den Idealen des Shintoismus, der als Religion stark auf die göttliche Herkunft des japanischen Staates und der kaiserlichen Familie ausgerichtet war, als auch mit der politischen Propaganda nachweisen. Die Lektüre dieses Buches hat mich wie kein anderes Buch betroffen gemacht: Sie hat mich dabei ertappt, die Erleuchtung zu überschätzen. Ein Buch über dieselben Zusammenhänge irgendwo und irgendwann in unserer christlichen Vergangenheit oder Gegenwart hätte mich nicht im selben Maß verunsichert. Ich weiß seit langem um die leidvollen und verwirrenden Zusammenhänge von Heiligkeit und Macht, spiritueller Kompetenz und menschlicher Intoleranz in der Geschichte der christlichen Kirchen. Es scheint, dass ich die Zen-Meister, wenigstens diese Erleuchteten, gerne aus dieser Mischung ausgespart hätte ...

In der zweiten Hälfte des 19. Jahrhunderts kam es in Japan zu politischen Bestrebungen, den Buddhismus zu unterdrücken. Er wurde als rückständig und als eine fremde Religion betrachtet. Auf diese Bestrebungen reagierten die offiziellen Vertreter der maßgebenden buddhistischen Schulen recht einheitlich, indem sie sich einem patriotischen Übereifer verpflichteten – es gab nur wenig Widerstand gegen diese Tendenz. Brain A. Victoria führt auch diese positiven Ausnahmen an. Als es zu Kriegsaktivitäten kam (der chinesisch-japanische Krieg 1894–1895, der russisch-japanische Krieg 1904–1905, der erste Weltkrieg 1914–1918, der zweite Weltkrieg 1939–1945), setzten die buddhistischen Schulen alle ihre Mittel ein, um dem Staat zu dienen. Die Hingabe an den Staat in Form des Militärdienstes, derselbe unreflektierte Gehorsam dem Roshi und den militärischen Autoritäten gegenüber, die Bereitschaft, für ein »höheres Ziel« gedankenlos andere Menschen zu töten und auch das eigene Leben aufzuopfern, die Wertlosigkeit der einzelnen Existenz in der Vielzahl der Wiedergeburten oder angesichts des verheissenen Reinen Landes, dies alles machte Laien-Anhänger der verschiedenen buddhistischen Schulen, aber auch auch Zen-Priester und Zen-Mönche selber, zu großartig einsatzfähigen Soldaten. Es entstanden der »Buddhismus des Kaiserlichen Weges«, der »Reichs-Zen« und der »Soldaten-Zen«.

Wer mit dem gängigen Vokabular der Ansprachen und Kommentare der Roshis vertraut ist, nimmt mit Erstaunen wahr, wie anpassungsfähig die Worte sind und wie wenig geändert werden muss, damit aus ihrer spirituellen Überzeugungskraft eine menschenverachtende Aussage wird. Brian A. Victoria bringt viele Beispiele von bekannten, auch im Westen angesehenen Zen-Meistern[56], Ausschnitte aus Büchern, Zeitungsartikeln, Aufrufen, Briefen und Tagebüchern. Vier Beispiele dürften genügen:

> [...] Krieg [ist] nicht unbedingt schrecklich, vorausgesetzt, er wird um einer gerechten und ehrenvollen Sache willen geführt, um der Erhaltung und Verwirklichung edler Ideale willen, für die Erhaltung der Menschheit und der Zivilisation. Viele menschliche Körper mögen vernichtet werden, viele menschliche Herzen gebrochen, doch aus einer umfassenderen Perspektive betrachtet, sind alle diese Opfer Phönixe, die im heiligen Feuer der Spiritualität verzehrt und mit neuem Leben, erhöht und verherrlicht aus der noch schwelenden Asche wieder aufsteigen werden.[57]

> Zen-Meister Dogen hat gesagt, wir sollten unser Selbst aufgeben. Er lehrte, daß wir uns still der Praxis des Selbstvergessens widmen sollten. Dogen hat dies in dem Kapitel »Leben und Tod« des *Shobogenzo (Schatzkammer der Erkenntnis des Wahren Dharma)* wie folgt ausge-

drückt: »Gib einfach Körper und Geist auf, und wirf dich in das Reich des Buddha. Dann wird dir der Buddha als Führer dienen. Wenn du der Anleitung, die du erhältst, folgst, wirst du dich von Leben und Tod befreien und ein Buddha werden, ohne daß du dich dazu körperlich oder geistig anzustrengen brauchst.« Anders ausgedrückt bedeutet dies, daß man die Befehle von Vorgesetzten ausführen muß, ganz gleich, was sie beinhalten mögen. Wer dies tut, wird augenblicklich zu einem getreuen Gefolgsmann des Kaisers und zu einem vollkommenen Soldaten.[58]

Die Lebensanschauung des Bushido [der Kampfkunst] ist mit der des Zen identisch. Die Ruhe und sogar Herzensfreude im Augenblick des Todes, die bei den Japanern deutlich zu erkennen ist, die Furchtlosigkeit, die japanische Soldaten angesichts eines übermächtigen Feindes gewöhnlich zeigen; und der faire Umgang mit einem Gegner, auf den Bushido so großen Wert legt – all dies entspringt dem Geist der Zen-Schulung, also keineswegs einer blinden, ja fatalistischen Einstellung, wie sie manchmal als besonderer Charakterzug aller Orientalen hingestellt wird.[59]

Das Schwert wird normalerweise mit dem Töten in Verbindung gebracht, weshalb sich die meisten von uns fragen werden, was es mit Zen zu tun hat, einer Schule des Buddhismus, der das Evangelium der Liebe und des Mitgefühls lehrt. Tatsache ist, daß die Schwertkunst zwischen dem Schwert, das tötet, und dem Schwert, das Leben schenkt, unterscheidet. Ein Schwert, das von jemandem geführt wird, der nur über rein technisches Können verfügt, vermag nichts anderes als zu töten, weil der Betreffende das Schwert nur ergreift, wenn er zu töten beabsichtigt. Völlig anders ist es bei einem Menschen, der das Schwert erhebt, weil er sich genötigt sieht, dies zu tun. In einem solchen Fall tötet nicht der Betreffende, sondern das Schwert selbst tut dies. Er hatte nicht vor, irgend jemandem zu schaden, doch der Feind taucht auf und macht sich selbst zum Opfer. Es ist, als würde das Schwert automatisch seine natürliche Aufgabe, der Gerechtigkeit zu dienen, erfüllen, was eine Funktion des Erbarmens ist. [...] Wenn vom Schwert erwartet wird, daß es im menschlichen Leben diese Rolle spielt, ist es keine Selbstverteidigungs- oder Tötungswaffe mehr, und der Schwertkämpfer wird dann zu einem Künstler ersten Ranges, der sein Leben dem Bestreben widmet, ein Werk von echter Ursprünglichkeit zu schaffen.[60]

Brian A. Victoria, selber Zen-Priester, bedauert, dass die wichtigsten buddhistischen Schulen bis heute nur wenig Einsicht in die Fehler der Vergangenheit gezeigt und kaum das Bedürfnis geäußert haben, sich zu entschuldigen und umzudenken. Im Gegenteil: Auch heute noch wird von einzelnen Vertretern die tiefe Verwandtschaft von Zen-Training und traditioneller Kriegskunst betont und werden nun Ideale des klösterlichen Lebens fraglos in die Welt der Wirtschaft übertragen.

> Disziplin, Gehorsam, Konformität und körperliche und geistige Ausdauer angesichts von Härten sind jedoch nicht die einzigen Charakteristika klösterlichen Lebens, die für die japanische Wirtschaft von Interesse sind. Auch die traditionelle buddhistische Lehre von der Unbeständigkeit des Selbst und der Ichlosigkeit hat eine originelle, Firmen sehr genehme Verzerrung erfahren. Diese wird von Ozeki Soen (geb. 1932), dem Abt des mit der Rinzai-Schule verbundenen Daisen'in-Tempels und einem der bekanntesten Zen-Priester, der Trainingskurse für Mitarbeiter von Wirtschaftsunternehmen durchführt, sehr anschaulich beschrieben. In einer Sammlung von Vorträgen, die er während derartiger Kurse gehalten hat, heißt es:
>
>> Bei der Anwendung eurer essentiellen Lebenskraft solltet ihr euch völlig verausgaben, frei von jedem konzeptuellen Denken. [...] Dies ist es, was Lebendigsein bedeutet. Das heißt, ihr solltet zu jeder Zeit und an jedem Ort ichlos leben.[61]

Zen, Nationalismus und Krieg. Eine unheimliche Allianz dokumentiert für mich nicht nur ein schmerzvolles Kapitel der japanischen Geschichte und des japanischen Buddhismus. Dieses Buch unterstützt mich zudem in der Gewissheit, dass jede äußere spirituelle Führung gefährdet ist und andere gefährdet, wenn der Meister und/oder der Schüler den Kontakt zur inneren Führung verlieren, wenn der Meister (zur Erleuchtung hinzu) nicht auch über die Klugheit und die Fähigkeit verfügt, sein eigenes Verhalten zu reflektieren, bzw. über die Bescheidenheit, sein eigenes Verhalten der Reflexion anderer auszusetzen. Nur eine solche Reflexion kann verhindern, dass Interessen einer bestimmten Gruppe oder einzelner Individuen die Kraft der Erleuchtung missbräuchlich in Dienst nehmen.

Es gibt neben der traurigen Bilanz von Brian A. Victorias Werk die gut und packend geschriebenen Erfahrungsberichte, die respektvoll, oft auch humorvoll die Begegnung mit Roshis und ihrer speziellen Art und Weise zu führen festhalten. Zu ihnen zähle ich etwa *Zurück mit leeren Händen* von François-Albert Viallet[62], das *Tagebuch eines Zen-Meisters, der aus dem Westen kam* von Taïkan Jyoji[63] (sein bürgerlicher Name lautet Georges Frey), aber auch die Werke des Krimi-Autors Janwillem van de Wetering: *Der leere Spiegel, Ein Blick ins Nichts* und *Reine Leere*[64].

Taïkan Jyoji zum Beispiel kam 1968 nach Kobe, um dort im Kloster Shofuku-ji, von dem er drei Jahre früher durch einen Franzosen gehört hatte, um Zulassung zu bitten. In seinem Tagebuch hat er die sieben Jahre in Japan sehr detailliert und nachvollziehbar beschrieben. Die meiste Zeit verbrachte er im Kloster selbst und in der nächsten Umgebung des Klosters, vorerst als Gast, dann als Mönch und damit auch als offizieller Schüler von Mumon Roshi, der das Kloster leitete; Erholungswochen führten ihn normalerweise nach Kioto, wo er sich in der Tempelanlage von Myoshin-ji aufhielt. Taïkan Jyoji hat den Klosteralltag des Shofuku-ji festgehalten, seinen Rhythmus, die hierarchische Ordnung, die Verpflichtungen der Mönche (Meditation, Handarbeit, Bettelgang, Aufträge im Dienst der Gemeinschaft wie etwa die Küchenarbeit), die Vielzahl der Vorschriften, die das Leben der Mönche bis in die kleinsten Einzelheiten regeln. Unvergesslich hat er die angstvolle, herausfordernde Spannung zu Beginn eines Sesshin, einer strengen Übungszeit, geschildert, zu der die Mönche wie zu einem sportlichen Wettkampf antreten.

> Am Abend herrscht im Zendo eine bedrückende, unruhige Atmosphäre. Zwei, drei Mönche flüstern miteinander. Dann holt etwa eine halbe Stunde vor der Bettruhe ein Mönch zu meinem großen Erstaunen unter der Nische des Buddha eine Flasche Sake hervor. Er schenkt jedem von uns ein Glas voll ein: zur Ermutigung. Dann folgen die Ermahnungen der Oberen für das Sesshin; alle Mönche hören zu, in einer religiösen, zumindest feierlichen Art und Weise. Das Glas Sake erinnert mich an die Henkersmahlzeit. Die Angst vor dem Sesshin muß mir stark in den Knochen stecken.[65]

Taïkan Jyoji hat sehr differenziert, wie ich es aus keinem andern Bericht kenne, das Koan-Training der Mönche beschrieben. In der Rinzai-Tradition des Zen-Buddhismus bildet das Koan-Training neben dem klösterlichen Alltag, der die Fixierung der Person auf das eigene Ich aufbricht[66], das wichtige Instrument, das der Roshi zur Erleuchtung des Schülers einsetzt. Die beiden großen Richtungen des Zen-Buddhismus, die Soto-Tradition und die Rinzai-Tradition, besitzen hierin einen wichtigen Unterschied. Während der Soto-Zen der Shikantaza-Methode den Vorrang gibt, jener Meditationsform, die einfach sitzt und dabei ohne Zweck und ohne Gegenstand auskommt, verwendet der Rinzai-Zen die Koan – Fragen, Impulse und Anekdoten früherer Meister; er setzt die Meditation mit dem Ziel ein, Satori zu erreichen, die Erweckung, die Erleuchtung.[67] Im Zusammenhang mit dem Koan-Training hat Taïkan Jyoji auch Mumon Roshi (1900–1988), seinen Meister, porträtiert: In einem unermüdlichen Dialog versucht der Roshi, den Schüler zum richtigen Verständnis der Koan zu führen.

> Mit einem Koan fühle ich mich stark, ich bin überzeugt, daß nun meine Probleme mit dem Zazen gelöst sind. Doch ehrlich gesagt: Jetzt erst beginnt der Ärger: Was soll ich mit diesem Koan? An welchem Ende soll ich ihn anpacken? Und wenn Zen das Nicht-Denken ist, wie soll ich den Koan lösen, ohne an ihn zu denken. Der Meister läßt mich allein, ich muß mir allein zu helfen wissen.[68]

Vor allem während den strengen Übungszeiten, in denen die Mönche jeden Tag mehrere Stunden in Meditation verbringen, ist täglich der Zeitpunkt festgesetzt, da jeder Mönch den Meister aufsucht, ja aufsuchen muss: Sanzen. Der Meister sitzt in einem speziellen Raum, den der Mönch, sobald die Reihe an ihn gekommen ist, unter mehreren Verbeugungen betritt. Er setzt sich vor den Meister in den Fersensitz; der Meister beginnt den Dialog, meistens mit einer Frage zum Koan, der Schüler antwortet. Die Dialoge können sehr kurz ausfallen, aus einem oder mehreren Sätzen, gelegentlich aber auch nur aus einer Geste oder

Schweigen bestehen. Ein Glockenzeichen des Meisters beendet die Begegnung.

Jeder Koan ist eine Lehre für sich. Es handelt sich beim Koan nicht nur, wie man das gelegentlich lesen kann, um eine Konzentrationshilfe für den Schüler; er vermittelt auch eine Lehre. Das genaue Verständnis und der tiefere Sinn eines Koan sind einem Studenten oft nicht zugänglich. Wenn ein Koan in dem Moment, da er ausgesprochen wird, auch durch den Verstand erfasst wird, muß er anschließend einem langen Reifungsprozeß, einer langen Mazeration ausgesetzt werden, und zwar im Körper und im Geist. Es braucht oft mehrere Tage, sogar mehrere Wochen, bis man den Koan vom Verstand in den Geist und in den Körper gebracht hat. Die Verarbeitung des Koan muß auf zwei Arten geschehen: auf der einen Seite die geistige Konzentration, ohne die die Bedeutung des Koan gar nicht erfasst werden kann; auf der anderen Seite die Untersuchung, eine Art Gemisch von Konzentration und Nachdenken über den Koan. Die beste und vollkommenste Beschäftigung mit dem Koan stellt sich dann ein, wenn man vom Koan total in Anspruch genommen wird und mit dem Koan eins ist: Vierundzwanzig Stunden auf vierundzwanzig Stunden bilden der Koan und die eigene Person eine Einheit. [...]

Wenn jemand einen Koan hinter sich hat, klopft ihm der Meister nicht auf die Schulter, um zu gratulieren, sondern er geht gleich zum nächsten Koan weiter. Auf diese Weise ist es unmöglich, daß jemand einschläft und es sich bequem macht. Grundsätzlich gibt es zwei Antworten auf einen Koan: die eigene Antwort und die tradierte Antwort, die der Meister auch an den Schüler weitergibt. [...]

Es gibt etwa dreißig solcher Koan-Tests. Es werden einem Schüler aber nie alle vorgelegt. Der Meister entscheidet, welchen Koan er seinem Schüler gibt. [...]

Viele Meister halten ihre Teisho, ihre Ansprachen, über bestimmte Koan, und oft werden solche Teisho auch veröffentlicht. Wenn ein Meister in seiner Ansprache ein Koan interpretiert, so will er damit seine Schüler in ihrer Übung ermutigen, aber nicht ihnen helfen, die Antwort zu finden. [...] Die Haltung der Meister ist somit durchaus paradox: Sie halten Vorträge über die Koan und verkünden sonst ununterbrochen, daß das echte Verständnis eines Koan nichts mit dem Verstand zu tun hat. In Wirklichkeit wünscht der Meister, daß der Schüler loslassen kann und dem Koan nicht mehr nachjagt. Damit er den Schüler zum Loslassen bringt, fügt er ständig neue Aussagen hinzu. Er übersättigt ihn mit Erklärungen, die ihn nur verwirren, und dann, im richtigen Moment, wenn es zuviel wird, gibt der Schüler nach und läßt los.[69]

Was Taïkan Jyoji von den kurzen Begegnungen mit dem Roshi wiedergibt, mutet an wie Blitzlichter auf einen therapeutischen Prozess. Die einzelnen Stimmungen und Stimmungsschwankungen, Zuversicht, aber auch Hoffnungslosigkeit wechseln sich ab; er wird vom Roshi durch all diese Schwankungen hindurchgetragen. Dieser jahrelange Prozess fördert die Transparenz für die Buddha-Natur, die tiefer als alle diese Wechsel liegt.

> Und dann eines Tages, als ich den Meister im Sanzen sehe, weiß ich, daß er weiß, daß ich weiß; und auch er weiß, daß ich weiß, daß er weiß. Wir befinden uns in einer tiefen Verbundenheit. Er hat mich in die Erfahrung der Leere geführt, in eine Erfahrung, die einem anderen nicht mitgeteilt werden kann, die jeder selber erleben muß. Es ist eine Erfahrung, die nicht intellektueller Art ist, sondern durch das ganze, körperlich-geistige Wesen erfaßt wird in dem Maß, als der Geist eben von der Zehenspitze bis zum Scheitel reicht.[70]

Vor allem in den freien Wochen in Kioto lernt Taïkan Jyoji Mumon Roshi noch persönlicher kennen. Er assistiert ihm bei der Kalligraphie, wird auf Ausflüge mitgenommen, erfährt von seiner familiären Herkunft, von der schweren Tuberkulose-Erkrankung, von seinem »Leben« vor dem Kloster.[71] Trotz der räumlichen Nähe und der intensiveren Bezüge entsteht zwischen ihm und dem Meister aber nie eine Vertrautheit. In seinem *Tagebuch* hält er lediglich zwei Momente fest, in denen von Seiten des Roshi mehr als der »Dienst an der Erleuchtung« zum Ausdruck gebracht wird. Der eine Moment gehört in das Jahr 1976: Seit zwei Jahren weilt Taïkan Jyoji wieder in Frankreich mit dem Auftrag, den Übungsweg des Zen anzubieten. Mumon Roshi hat das Zentrum von Taïkan Jyoji offiziell eingeweiht und ist in die Schweiz weitergereist; dort, im Haus einer Tuschmalerin, begegnen sie sich noch einmal und nehmen sich in die Arme – im Bewusstsein, dass sie sich nicht mehr sehen werden. Der andere Moment liegt fünf Jahre später: Mumon Roshi amtiert nicht mehr als Leiter des Klosters Sho fuku-ji, und Taïkan Jyoji bemerkt, als er sich nach der

Ehrenbezeugung aufrichtet und dem Meister gegenüber-
sitzt, dass er einen an Alzheimer erkrankten alten Mann
vor sich hat.

Er fasst die für viele Zen-Meister typische Zurückhaltung
mit den Worten zusammen:

> Er beschäftigte sich offensichtlich mit niemandem. Das ist charakte-
> ristisch für die Beziehungen zwischen Meister und Schüler in Japan. Es
> entsteht keine familiäre Beziehung, es entwickelt sich auch keine
> Freundschaft. Sogar wenn ein Schüler selber Meister geworden ist,
> bleibt er in der Hierarchie unter seinem Meister. Auch wenn er im
> Reiun-in jeweils vor dem Fernseher saß und wir ihn umgaben, unter-
> hielt er sich nicht mit uns; es kam nie zu einer Geselligkeit zwischen
> ihm und uns. »The Untouchable.« Mumon Roshi verhielt sich so, weil es
> seiner Natur entsprach.[72]

Jacques Brosse gestaltet in seinem umfassenden Buch
Schweigen – Blüte – Lachen. Die Tradition des Zen einen infor-
mativen und stimmungsvollen Überblick über die Eigenheiten des Soto-Zen.[73]

Im Hinblick auf die Rolle des Roshi berichtet er von Antworten, die ihm der Meister während den allgemein gehal-
tenen Unterweisungen gibt, überraschenderweise, da er
die persönliche Frage nicht kennen kann – ein Mechanis-
mus, den er später als Zen-Lehrer ebenfalls »beherrscht«,
wie ihn seine Schüler und Schülerinnen wissen lassen. Er
führt diesen Vorgang auf eine Grunderfahrung der Zen-
Tradition zurück, dass die Wahrheit innerlich, von Herz zu
Herz weitergegeben wird:

> Nichts daran grenzt irgendwie an ein Wunder oder an Zauberei. Es ist
> nur die normale Folge der *Ishin Denshin*, »von Herz zu Herz« genannten
> Kommunikation, die sich spontan zwischen Lehrer und Schüler ein-
> stellt. Durch eine Art Telepathie erkennt der Lehrer intuitiv die Bedürf-
> nisse, die Fragen seiner Schüler und gibt er unbewußt eine Antwort
> darauf.[74]

Im Soto-Zen fehlt die Koan-Schulung. Die Erfahrung muss
in jedem Schüler selber wach werden. Der Meister kann

im besten Fall ansteckend wirken. Nicht nur in der Unterweisung, sondern vor allem in der Stille und Ruhe der gemeinsamen Meditation findet die entscheidende Kommunikation von Herz zu Herz statt.

Das Modell dieser Kommunikation sehen die Zen-Buddhisten in einer Geschichte, die sich nach ihrer Tradition am Ende des irdischen Lebens Buddhas zugetragen hat. Buddha begab sich, begleitet von zahlreichen Jüngern, auf den Geiergipfel bei Rajagaha. Dieser Ort hatte ihm schon oft zum Vortrag zentraler Lehrreden gedient. So erwarteten alle, die ihn begleiteten, eine weitere Rede, wohl die Abschiedsrede, bevor er sie für immer verlassen würde. Doch Buddha schwieg. Zum einen respektierten seine Anhänger sein Schweigen, zum andern begannen sie unruhig zu diskutieren, weshalb wohl Buddha sich nicht äußerte. War er zu alt? Hatte er nichts mehr zu sagen? Buddha schwieg weiter, »während ein helles Licht von ihm ausging«[75]. Er nahm aus einem Strauß, der ihm geschenkt wurde, eine Blume und drehte sie vorsichtig zwischen seinen Fingern. Er schwieg weiter und lächelte. – Ein einziger verstand ihn und antwortete seinerseits mit einem Lächeln: Kashyapa. Buddha übergab deshalb Kashyapa jenen Schatz »des wahren Gesetzes, den unaussprechlichen und subtilen Blick in das *Nirvana*, welcher die Pforte zur Schau des Formlosen öffnet, die weder aus den Schriften noch aus den Worten abzuleiten ist und außerhalb jedes Lehrgebäudes weitergegeben wird«[76], den Schatz einer im eigentlichen Sinn esoterischen Lehre, die von Herz zu Herz, von Geist zu Geist weitergegeben wird.

Jacques Brosse betont, dass gerade durch diese innere Weitergabe der Lehre bzw. der Erfahrung der Zen der ursprünglichen Erfahrung Buddhas nahe ist.

> Wie könnte denn der Leiter die innere, tiefe und innige Erfahrung, die er selbst gemacht hat, auf andere Weise weitergeben? Falls tatsächlich eine Übermittlung stattfindet, so geschieht sie durch Osmose, wenn Meister und Jünger kommunizierende Gefäße geworden sind. [...]

Im *Soto* kommt es vor, daß Meister und Schüler, die einander gegenüber sitzen, in eine von außen unvorstellbare Situation, in eine Position gegenseitiger Auswechselbarkeit, gelangen. In ihrem ursprünglichen Gesicht sind sie einander gleich geworden, auch wenn ihre Persönlichkeiten weiterhin verschieden bleiben, weil sie beide »Körper und Geist aufgegeben« haben. Sie können sich dann, wie es Dogen und sein Meister taten, voreinander niederwerfen.[77]

Die Art und Weise, wie in der Zen-Tradition die Erfahrung weitergegeben wird bzw. die Erfahrung geweckt wird, ist im Rahmen des Buddhismus nicht unumstritten. Denn den buddhistischen Schriften ist klar zu entnehmen, dass der historische Buddha vorerst seine Erfahrung nicht weitergeben wollte. Er hielt sie für eine Erfahrung, die jeder Mensch selber zu finden hatte, und zwar in seiner jeweils persönlichen Art. Der Versuch, sie weiterzugeben, musste notgedrungen auf eine neue Lehre, eine Lehre mit religiösem Charakter, hinauslaufen, was er verhindern wollte. Zudem hatte er selbst mit seinen Meistern und ihren oft schmerzhaften Methoden schlechte Erfahrungen gemacht; sie waren für ihn zu Gefängnissen geworden; erst das Vertrauen in die dem eigenen Leben innewohnende Kraft hatte ihn zur entscheidenden Einsicht gebracht. Buddha musste vom Gott Brahma Sahampati überzeugt werden, dass die Lehre weitergegeben werden musste.

Im Raum, der in unserer Wohnung für die Meditation reserviert ist, hängt eine Kalligraphie des japanischen Wortes »Jaku«, das Stille, Schweigen bedeutet. Die Kalligraphie – die japanische Tradition spricht lieber von »Bokuseki«, Tuschspur – stammt von Tetsuo Nagaya Kiichi Roshi, er hat sie am Ende eines Sesshin, an dem ich teilnahm, für mich gemalt.[78] Im Zeitraum von etwa zehn Jahren durfte ich Nagaya Roshi während mehrerer Sesshin erleben. Er hatte Philosophie und Ethik studiert, unter anderem auch in Berlin und Marburg, und war Professor an verschiedenen Universitäten in Tokyo. Er betrachtete es als seine Pflicht, echten Zen nach Deutschland zu bringen. So kam er trotz seines hohen Alters ab 1967 immer wieder für ein paar Wochen nach Deutschland, gelegentlich auch in die Schweiz, um Sesshin zu leiten. Über das Werk *Tuschspuren*, das Kalligraphien, sinnverwandte Aussagen der Zen-Tradition und der christlichen Mystik und Ausschnitte aus Ansprachen (Teisho) von Nagaya Roshi vereint, wird mir das Wesen dieses Meisters auch heute noch greifbar und »hörbar«.

Seit seinem Studienaufenthalt im Deutschland der zwanziger Jahre war Nagaya Roshi die mittelalterliche christliche Mystik bekannt; er flocht sie in seine Impulse ein. Ich wusste nichts über ihn und seine Herkunft, als ich ihm in einem Ferienhaus des kleinen Dorfes Vermol das erstemal gegenüberstand. Ich erlebte, wie er mich durchschaute, und bekam von ihm aus meiner eigenen Tradition die Sätze zu hören, denen ich ausweichen wollte. Nagaya Roshi kannte sich in der Rinzai- und Soto-Tradition aus; in den Sesshin, bei denen ich mitsaß, gab er der Soto-Richtung den Vorzug. Ich erlebte ihn als einen aufmerksamen, herzlichen Meister. Eine seiner Lieblingsaussagen war denn auch:

> Wir müssen ganz zu einem warmen Herzen werden;
> Ohne Mitleid
> Ohne Barmherzigkeit
> Ohne Liebe
> gibt es keinen Buddhismus.[79]

In den kurzen Begegnungen am Rand der Sesshin und in Impulsen, die er gern zu Beginn der Meditationen weitergab, war zwischen uns das Hauptthema, während des Sitzens nicht ins Gebet auszuweichen. Er sah es mir an, dass das Verweilen in der Stille für mich mühsam und langweilig war und die Ausflucht in ein aktives Gebetsleben eine willkommene Abwechslung. Dank seiner Hartnäckigkeit lernte ich, die Stille auszuhalten; Gott wurde immer weniger ein Unterhaltungsprogramm, sondern der tragende Grund, die Gegenwart.

Im Buch *Tuschspuren* haben die Herausgeber die Kalligraphie »Jaku«, Stille, mit einem Wort aus den Tagebüchern von Papst Johannes XXIII. verbunden, das Nagaya-Roshi in den Sesshin oft anführte: »Einfachheit und Stille in jedem Moment des Lebens!«[80] Für ihn kam in diesem Wort das Wesen der Zen-Tradition zum Ausdruck: die Haltung, in jedem Augenblick gegenwärtig zu sein, nicht in Deutungen und Inszenierungen auszuweichen, darauf zu vertrauen, dass sich die unverstellte Verbindung von Herz und Augenblick zum Leben fügt.

Neben den Traditionen des Zen-Buddhismus und des Theravada-Buddhismus sind bei uns in Westeuropa – in der Schweiz gefördert durch die klösterlichen Zentren in Rikon und auf dem Mont Pélerin – auch die spirituellen Schulungswege des tibetischen Buddhismus in greifbare Nähe gerückt. Die ins Exil gedrängten Lehrer haben im Westen wissenschaftlich interessierte Studenten und Studentinnen, aber auch Schüler und Schülerinnen im spirituellen Sinn gefunden. Ich erinnere mich an Gespräche mit dem Dalai Lama und anderen führenden Vertretern des tibetischen Buddhismus zu Beginn der siebziger Jahre; damals war für sie ihre Form des Buddhismus noch etwas typisch Tibetisches, und der Dalai Lama drückte seine Sorge über die Zukunft aus mit der Befürchtung, dass die Reinkarnationen wichtiger Lehrer im durch die Chinesen unterdrückten Land nicht rechtzeitig entdeckt und gefördert werden könnten. Inzwischen, dreißig Jahre später, ist es vorstellbar und Realität geworden, dass solche Lehrer auch im Exil, ja sogar als Kinder westlicher Eltern geboren werden …

Ich sitze im hohen Raum eines gut fünfhundert Jahre alten Hauses, an zwei Wänden hängen Thankas, durch ein Fenster sehe ich in einen kraftvoll wilden Garten, zwischen mehreren Bäumen schwingen kleine Gebetsfahnen in den üblichen Farben. Ich sitze Martin Kalff gegenüber; vermutlich haben wir uns vor mehr als zwanzig Jahren das letzte Mal getroffen. Damals plante er eine strenge Übungsphase und suchte einen stillen, geschützten Ort, an den er sich für sein buddhistisches Meditationstraining zurückziehen konnte. Sein Gesicht weckt keine Erinnerungen in mir, und ich bin gespannt darauf, ob der damals gute, wenn auch nur kurze Kontakt eine genügend große Vertrauensbasis bildet, sodass ein Gespräch über die spirituelle Führung entstehen kann. Martin Kalff arbeitet als psychologischer Berater (Sandspieltherapie); gemeinsam mit seiner Frau Sabine Hayoz Kalff leitet er das Buddhistische Zentrum Zollikon, einen Ort, an dem vor allem die tibetische Überlieferung gepflegt wird, an dem aber auch Lehrer und Lehrerinnen anderer Richtungen anzutreffen sind. Martin Kalff wirkt auch im Vorstand der Buddhistischen Union mit; sein Anliegen ist es, Begegnungen zwischen den unterschiedlichen Schulrichtungen des Buddhismus zu fördern.

Meine Fragen quittiert er mit einem Lachen, das einen großen Raum anklingen lässt, einen Raum, der mit einem Gespräch nicht ausgeschöpft werden kann. Er zeichnet sein Leben als einen Kreisbogen: Aufgewachsen ist er im evangelisch-reformierten Milieu. Als Gymnasiast hat er sich bereits für Mystiker interessiert und einzelne Texte gelesen, Meister Eckhart zum Beispiel. In diese Zeit fällt auch der bewusste Kontakt mit der tibetischen Welt, da im Elternhaus immer wieder Mönche als Gäste aufgenommen werden. Er entschließt sich für das Theologiestudium an der Universität Zürich, merkt aber schon bald, dass die ausschließlich akademische Art und Weise des Studiums ihn nicht befriedigt. Dem Theologiestudium folgt ein Studium der Vergleichenden Religionswissenschaft an der Universität von Columbia mit den Schwerpunkten Sanskrit und Tibetologie. In dieser Zeit lebt er in einer buddhistisch orientierten Kommune, die immer wieder tibetische Lehrer einlädt – das intellektuelle Studium wird durch die spirituelle Schulung ergänzt – und sich durch Aktionen finanziell für Projekte in Tibet einsetzt. Die intensive Beschäftigung mit der tibetischen Spiritualität wird später durch ein Studium der Psychologie ergänzt, aktuell auch durch die Ausbildung am C.G. Jung-Institut. Martin Kalff kommentiert den Kreisbogen zum einen als eine Rückkehr in die westliche Kultur, seine Wurzel, zum andern als eine Verankerung im Alltag.

Die innere Führung erlebte und erlebt er stark durch die Träume. Er erzählt mir von einem Traum, den er schon früh, vermutlich im Alter von vier Jahren, erlebte: Am Himmel wurde ein Lichtdreieck aus Flammen sichtbar, faszinierend und erschreckend zugleich. Dieser und andere frühe numinose Träume vermittelten ihm Bilder – und eine Kraft –, die ihn auf seiner Suche inspirierten, wach hielten, ermutigten, dem spirituellen Weg zu trauen. Als innere Führung beschreibt er auch die Anziehungskraft, die von einer anderen Person ausgehen kann, die Vertrautheit mit einer Situation: »als ob ich innerlich daraufhin angelegt, dafür vorbereitet gewesen wäre«. Eine solche Vertrautheit erfasste ihn, als er im Elternhaus einen tibetischen Lama beim Studium der heiligen Texte beobachten konnte.

Was die Führung durch spirituelle Lehrer betrifft, fällt es Martin Kalff schwer, einen dieser Lehrer mit einer Sonderrolle auszustatten. Im Laufe der Jahrzehnte hat er verschiedene Lehrer kennengelernt. Die einen, etwa bei Aufenthalten in tibetischen Klöstern, belehrten ihn ohne Worte, durch ihre Art des Verhaltens, andere wiederum begleiteten ihn als Lehrer im eigentlichen Sinn durch bestimmte Phasen der spirituellen Schulung. Jedem von ihnen verdankt er entscheidende Erfahrungen. Er erwähnt Namen, an die er gerne zurückdenkt, Geshe Tschampa Lodro, Geshe Rabten, Trijang Rimpoche und andere. Trijang Rimpoche, einer der Lehrer des Dalai Lama, scheint mir ganz speziell mit dem Lachen von Martin Kalff verbunden zu sein. Er gehört inzwischen auch in seine Traumwelt: In einem Traum hat er ihm eine dreifache Einweihung erteilt. Er hat ihm zuerst eine tibetische Gottheit erschlossen, dann Shiva und schließlich Jesus. Auf die erstaunte, ja zweifelnde Reaktion von Martin Kalff hin hat er die Zuordnung auf Jesus durch einen Segensspruch bekräftigt.

Zurückhaltend weist Martin Kalff darauf hin, dass er am meisten den Begegnungen mit dem Dalai Lama verdankt.

Zu einem ersten Kontakt kam es, als er 1969 während des Theologiestudiums nach Indien fuhr und in Dharamsala Gespräche mit dem Dalai Lama führen konnte. Dieser erste Kontakt fand in den folgenden Jahren seine Fortsetzungen. Wenn Martin Kalff vom Dalai Lama erzählt, schwingt Bewunderung mit, auch der Wunsch, dass sich immer mehr Menschen in der engagierten und selbstlosen Art des Dalai Lama für die Förderung des religiösen Lebens und für das gegenseitige Verständnis zwischen den spirituellen Suchrichtungen einsetzen sollten. Die Wärme und die Klarheit, die vom Dalai Lama ausgehen, ziehen ihn an. Sie sind für ihn, ähnlich wie die Traumbilder, die sich in seinem Leben immer wieder einstellten, Wegmarkierungen seiner eigenen spirituellen Suche. Im Rahmen seines Hauses möchte er etwas Ähnliches verwirklichen.

Bei der Rückfahrt, als ich meine Gesprächsnotizen durchlese, merke ich, dass auch der Raum, in dem wir miteinander sprachen, und das alte Haus, soweit ich es zu sehen bekam, eine starke Wirkung auf mich ausübten. Von Martin Kalff geht für mich ein großer Respekt aus: für den alten Bestand und die Proportionen dieses Hauses. Und ich frage mich, ob er von diesem Haus nicht schon als Kind den Respekt vor alten, umfassenden religiösen Lehrgebäuden aufgenommen hat. Doch er lässt sich mit diesem Bild allein nicht einfangen. Denn er hat mir ebenso von der Bedeutung der modernen Psychologie gesprochen – gerade für westliche Menschen, die einen spirituellen Weg gehen möchten –, wie wichtig er es findet, dass die biographischen Stationen psychologisch aufgearbeitet werden. Und seine Abschiedssätze galten dem Alltag als dem besten Lehrer: Das Leben ist voller Lehrer.

Selber Sonnenaufgang

Der Fuß erkennt
den ihm zugehörigen Schuh
auch in der Dunkelheit.

Dschalaluddin Rumi[81]

Die spirituelle Dimension wird im Islam vor allem durch die Sufis gelebt. Gelegentlich als Einzelne, meistens aber eingebunden in eine Bruderschaft oder einen Orden gehen sie ihren religiösen Weg.[82] In den noch von den islamischen Traditionen geprägten Ländern sind die Aufnahme in eine Bruderschaft, die Probezeit, die Zugehörigkeit, die Gebetspraxis, die Verpflichtungen der Bruderschaft gegenüber genau geregelt. Die Erzählungen über die Zusammenkünfte der Bruderschaften und ihre Gottesdienste vermitteln die Atmosphäre des Geheimnisvollen und Abenteuerlichen. Das mag zum einen damit zusammenhängen, dass sie für uns im »Orient« spielen, das hat zum anderen einen realen Hintergrund: In ihrer eigenen Religion und Kultur waren die Sufis nicht immer anerkannt; gelegentlich kam es sogar zu Verfolgungen (aus politischen und aus theologischen Gründen). Ihre mystische Theologie und in ihrem Gefolge eine bildhaft poetische Sprache, aber auch ihre spirituellen Praktiken (Tanz, Gesang, ekstatisches Gebet, zum Teil auch der Genuss von Alkohol und Drogen), die sich über Verbote hinwegsetzten, machten sie für die Orthodoxie verdächtig.

Die Sufi-Gemeinschaften werden von einem Scheich geleitet. Er bildet das Herz der Bruderschaft und begleitet jeden Einzelnen auf seinem persönlichen spirituellen Weg. Der Fachausdruck für das spezielle Verhältnis zwischen Scheich und Schüler lautet: tawajjuh. Gemeint ist damit, dass der Scheich in die Tür des Herzens seines Schülers eintreten kann, um ihn in jedem Moment zu behüten, dass er auch das Schicksal eines Schülers auf sich nehmen und austragen kann. Die Leitung durch den Scheich wird im

Sufismus sehr hoch eingeschätzt: Nur er kann die Ordenskleidung übergeben, und nur er kann in den Dhikr, die mystische Gebetspraxis, einführen. – Die Sufi-Tradition kennt die rätselhafte Gestalt Khidr, eine Art Engel, der plötzlich auftaucht, die Aufgaben des Scheichs übernimmt und wieder verschwindet; einige berühmte Sufis, unter ihnen Ibn ʿArabi, haben den Beginn ihres Weges und ihrer Praxis mit ihm in Verbindung gebracht. Die Projektion eines rein innerlichen Geschehens? – Der spirituelle Weg des Sufi war also üblicherweise nur im Rahmen einer konsequenten Führung möglich.

Wenn der Novize drei Jahre Dienst getan hatte, konnte er für würdig befunden werden, die *khirqa*, den Flickenrock, zu empfangen, »das Kennzeichen derer, die Sufis werden wollen«. Denn die Beziehung des Schülers zum Meister ist dreifach: durch die *khirqa*, durch Einweihung in die *dhikr*-Formel (Gottesgedenken), und durch seine Gesellschaft *(suhbat)*, die Dienst und Erziehung umfasst. Mit der Einkleidung des Novizen in die *khirqa* hat der Sufismus etwas von der alten Symbolik des Gewandes bewahrt; denn wenn der Schüler ein Gewand anlegt, das von dem Meister getragen oder von seiner segensvollen Hand berührt worden ist, erwirbt er etwas von der *baraka*, der Segenskraft, des Shaikhs. [...]

Der Novize, der in eine Gruppe eingetreten ist, wird »wie der Sohn des Shaikhs«; er wird als ein Teil von ihm betrachtet, denn nach der Tradition ist »der Sohn Teil des Vaters«. Der Shaikh hilft ihm ein echtes »Herz« zu gebären und nährt ihn gleich einer Mutter mit geistiger Milch, wie oft gesagt wird.

Die Sufis wussten sehr genau um die Gefahren des geistigen Pfades und haben daher dem Meister fast unbegrenzte Autorität gegeben: »Wer keinen Shaikh hat, dessen Shaikh ist Satan«, sagt eine Tradition. [...]

Der Meister kontrolliert das seelische Wachstum seines Jüngers in jedem Augenblick. Er beobachtet ihn vor allem während der vierzigtägigen Zeit der Meditation in der Klausur [...]. Der Shaikh legt die Träume und Visionen des *murid* aus, liest seine Gedanken und folgt jeder Regung seines Bewußtseins und Unterbewußtseins. Schon in den ersten Jahrhunderten der Sufi-Bewegung sagte man, daß der *murid* in der Hand des Meisters so passiv sein solle wie die Leiche in der Hand des Leichenwäschers. Selbst Ghazzali, der Hauptvertreter gemäßigter Mystik im späten 11. Jahrhundert, vertrat die Auffassung, daß vollkommener und absoluter Gehorsam notwendig sei, auch wenn der Shaikh irren sollte: »Laßt ihn wissen, daß der Vorteil, den er aus dem Irrtum seines Meisters zieht – falls dieser irren sollte – größer ist als der Vorteil, den er aus seiner richtigen Meinung ziehen würde – falls er recht haben sollte.« Diese Haltung konnte natürlich zu höchst gefährlichen Konsequenzen führen [...]. Doch die ursprüngliche Absicht war durchaus richtig: der Meister sollte wie ein Arzt handeln, der die Krankheiten und Schwächen der menschlichen Seele diagnostizierte und heilte. [...]

Man wußte, daß die Methoden nicht für alle gleich sein konnten; deshalb mußte der echte mystische Führer ein großes Maß psychologischen Verständnisses besitzen, um die verschiedenen Talente und Charaktere seiner Schüler zu erkennen und sie entsprechend zu schulen.[83]

Der Sufismus ist heute bei uns in Westeuropa ebenso selbstverständlich vertreten und als spirituelle Schulung ebenso anerkannt wie hinduistische und buddhistische Traditionen. Am 17. Dezember 2000 wurde zum Beispiel in einem städtischen Gemeindezentrum Zürichs der Sema, ein feierlicher Tanz-Gottesdienst zum Gedenken an den Todestag Dschalaluddin Rumis, des Gründers der Tanzenden Derwische, ebenso vollzogen wie in Konya, seinem türkischen Ursprungsort. Peter Cunz, einer der acht verantwortlichen Scheichs der Mewlewi, betonte zu Beginn des Gottesdienstes seine Freude darüber, dass die Bruderschaft in Zürich bereits so entwickelt sei, dass sie das anspruchsvolle Tanzritual vollziehen konnte.

Dschalaluddin Rumi (1207–1273) hat sich immer wieder mit der Frage der spirituellen Führung auseinandergesetzt. In seinen Gedichten[84] hat er seinen Freund und Meister Schamsi-Tabriz verherrlicht und betrauert, er hat aber auch darauf hingewiesen, wie sehr dieser für ihn zu einer inneren Realität geworden war. Auch in seinen Gesprächen[85], die aufgezeichnet wurden, hat er sich in kürzeren und längeren Passagen mit seiner Rolle als Scheich, als spiritueller Meister, auseinandergesetzt.

Für ihn ist es klar, dass der Scheich die Gedanken seiner Schüler lesen kann. Er führt dies darauf zurück, dass der

Scheich selber gedanklich zur Ruhe gekommen ist – »Gedanken« meint in der spirituellen Sprache dieser Zeit auch Triebimpulse – und sich nun die Gedanken der Schüler in seinem Bewusstsein spiegeln. Im elften Gespräch erzählt er den Anwesenden eine Anekdote:

> Schaich Sar-Razi saß eines Tages mit seinen Jüngern zusammen. Einer seiner Jünger hatte Appetit auf gerösteten Hammelkopf. Der Schaich gab ein Zeichen und sagte: »Bringt für den da gerösteten Hammelkopf!« Die Jünger fragten: »Meister, wie hast du denn gewußt, daß der geröstete Hammelkopf wollte?« Er sprach: »Weil es jetzt dreißig Jahre sind, daß ich keinerlei Wünsche habe. Ich habe mich von allen Wünschen gesäubert und gereinigt und bin so rein geworden wie ein Spiegel ohne Bild. Als der Gedanke an gerösteten Hammelkopf mir in den Sinn kam und ich Appetit bekam und er zum Wunsch wurde, wusste ich, daß das mit dem da zu tun hat. Denn der Spiegel ist ohne Bild; wenn sich ein Bild darin zeigt, ist es das Bild eines anderen.«[86]

Der Scheich ist mit seinen Schülern derart verbunden, dass er sie in ihrem innersten Wesen spiegelt. Eine andere Art der Spiegelung erwähnt Dschalaluddin Rumi in den Gesprächen öfters: Dass ihm für den Gesprächspartner, für die konkrete Zuhörerschaft die genau richtigen Worte zufließen. Diese Richtigkeit umfasst die Dauer seiner Rede, aber auch das Niveau der Ansprache, die Bilder und Begriffe, die ihm innerlich zufallen. Es ist nicht der Meister, der eine Ansprache plant und vorlegt; durch ihn hindurch kommen jene Worte zum Hörenden, die dieser braucht.

> Worte kommen im Maße des Verständnisses der Menschen. Unsere Worte sind wie Wasser, das der Wasseraufseher fließen läßt. Was weiß das Wasser, in welche Ebene der Aufseher es fließen läßt – ob in ein Gurkenbeet oder ein Zwiebelbeet oder ein Kohlbeet oder ein Rosenbeet? Das weiß ich: Wenn das Wasser reichlich kommt, da gibt es viel durstiges Land, und wenn wenig kommt, weiß ich, daß das Land klein ist – ein Gärtchen oder ein kleiner Innenhof.[87]

Im dreizehnten Gespräch, in das auch die Fragen und Reaktionen des Gesprächspartners, des damals mächtigsten Mannes in Konya, Parvana Muʿinaddin, eingeflochten sind, geht es um das gnädige Handeln Gottes: Er kann Neues entstehen lassen, im Leben des Einzelnen und im Rahmen der gesellschaftlichen Veränderungen. Auf den staunenden Ausruf des Parvana hin, der betont, dass der Mensch bei einem solchen Ausmaß der Gnade Gottes ja auf jeden Fall sein Ziel erreichen werde, weist Dschalaluddin Rumi auf die Bedeutung des Führers, des Scheichs, hin. Nur er kann diese Gnade vermitteln. Als Erklärungshintergrund dient ihm das biblische jüdische Volk, dessen Gehorsam oder Ungehorsam gegenüber Mose, dem durch Gott bestellten Anführer, über sein Schicksal entschied. Er hebt hervor, wie sehr die Zuwendung Gottes und die Zuwendung des Scheichs zusammengehen: »Der Führer und Pir zu einer bestimmten Zeit ist verpflichtet, das Wohl derer zu sichern, die er an sich gebunden sieht und gehorsam und gebunden sind.«[88]

Im bereits zitierten elften Gespräch erzählt er von einem Suchenden, der sich in seinem Eifer in eine vierzigtägige Klausur, strenge Übungszeit, zurückzieht. Während der Klausur erfährt er als innere Stimme den Befehl, die Klausur aufzugeben: »Ein solch hohes Ziel kann man nicht durch vierzigtägige Klausur erreichen. Komm aus der Klausur, damit der Blick eines großen Heiligen auf dich falle und du dein Ziel erreichst!«[89] Die innere Stimme gibt ihm die genauen Anweisungen, wie er in einer Moschee den Heiligen treffen kann. Es kommt allerdings nicht zu einer bewussten Begegnung mit diesem Heiligen, denn sobald ihn der Blick des Heiligen trifft, fällt er in Ekstase. Dschalaluddin Rumi schließt die Erzählung mit dem Kommentar:

Als er wieder zu sich kam, sah er, daß er alleine war. Den geistigen König, der auf ihn geblickt hatte, sah er dort nicht, aber er hatte sein Ziel erreicht.

Es gibt Männer Gottes, die wegen ihrer gewaltigen Majestät und der Eifersucht Gottes ihr Gesicht nicht zeigen, aber sie lassen die Suchenden wichtige Ziele erreichen und geben ihnen Gaben. Solche geistigen Könige sind überaus selten und zart.[90]

Die für mich eigenartigste Aussage über die Notwendigkeit des Scheichs für den Schüler macht Dschalaluddin Rumi im neunundvierzigsten Gespräch. Voraus gehen verschiedene Anspielungen auf spirituelle Führer, ihren Grad an Vollendung und die äußeren Zeichen, die eine Vollendung sichtbar machen, aber auch Anspielungen auf Voraussetzungen, die Schüler für den spirituellen Weg mitzubringen haben. Dschalaluddin Rumi stellt dabei Rückfragen und führt seine Gesprächspartner in Sackgassen, die ihre Argumente und Wertungen entkräften. Wie eine Zusammenfassung dieses vorangegangenen Gesprächs hebt er dann die eigentliche Tat des Scheichs dem Schüler gegenüber hervor: Er verzehrt ihn, er verhilft ihm zum mystischen Tod, zum Entwerden. In der Beziehung zwischen dem Scheich und dem Schüler vollzieht sich ein Abbild der mystischen Einigung, die zwischen Gott und dem Menschen möglich ist. Dschalaluddin Rumi bezieht sich dabei auf ein Jesus-Wort der islamischen Tradition: »Zum Beispiel hat Jesus gesagt: ›Ich wundere mich, wie ein lebendes Wesen ein anderes Lebewesen essen kann.‹ […] Der wahre Sinn des Wortes ist […], daß der Schaich den Jünger ohne Wie und ohne Weise verschlingt. Ich staune über ein solch ungewöhnliches Werk.«[91]

Die Wirksamkeit des Scheichs hängt nach Dschalaluddin Rumi nicht von seinem äußeren Tun, der äußeren religiösen Praxis (Gebet, Predigt, Pilgerfahrt, Almosen, Glaubensbekenntnis) ab, sondern von der inneren Verbundenheit mit Gott. Diese Art der Wirksamkeit illustriert Dschalaluddin Rumi im einunddreißigsten Gespräch mit einem Hinweis auf den dritten Kalifen Othman. Dieser hatte schweigend – ohne zu sprechen, zu belehren oder zu beten – die Menschen in der Moschee in einen mystischen Zustand versetzt. »Am Ende der Versammlung blickte er sie immer noch so an und sagte nichts. Er kam von der Kanzel herab und sagte: ›Es ist besser für euch, einen aktiven Imam zu haben als einen vielredenden.‹ Er hatte recht.«[92] Dschalaluddin Rumi weist auf das Werk der Seele hin, die wahre Aktivität, die nach außen nicht in Erscheinung tritt. Für diese Art der Führung braucht er das Bild der Sterne:

> Wenn jemand einen Stern anblickt und seinen Weg geht, dann redet der Stern nicht ein Wort mit ihm, doch einfach dadurch, daß er auf den Stern blickt, erkennt der Mensch den Weg von der Weglosigkeit und erreicht den Rastplatz. Genauso ist es möglich, daß du auf Gottes Heilige blickst und sie in dir wirken. Ohne Worte, ohne Diskurs, ohne Rede wird die Absicht erreicht, und du wirst zu dem Rastplatz der Vereinigung gebracht.[93]

Bei aller Bedeutung, die Dschalaluddin Rumi dem Scheich zuschreibt und womit er sich ganz in die Sufi-Tradition einfügt, tauchen aber in seinen Gesprächen ebenso häufig die Hinweise auf, die das Herz hervorheben: In ihm spielt sich das Entscheidende ab, nicht nur beim Scheich, sondern bei jedem Suchenden. Im dreiundvierzigsten Gespräch, in einem Abschnitt, in dem er die unterschiedlichen Lesarten und Deutungsebenen der überlieferten Texte vorführt, spricht er von der Kaaba: Sie ist für ihn selbstverständlich das zentrale Heiligtum in Mekka, zugleich aber, in einer anderen Lesart, »das Herz der Propheten und Heiligen, welches der Erscheinungsort der Offenbarung Gottes ist«, und das Herz jedes Menschen. Das Herz ist der Ort der Gottesbegegnung, deshalb seine Aufforderung: »Umkreise die Kaaba des Herzens, wenn du ein Herz hast!«[94] Die Aufforderung lässt offen, ob es sich um das eigene Herz oder das Herz des Scheichs handelt; wichtig ist, dass dieses Herz von Eigenwillen befreit und ein Ort Gottes geworden ist. An einer anderen Stelle weiß Dschalaluddin Rumi um den inneren Rechtsgutachter und den inneren Arzt[95], die jedem Menschen zur Verfügung stehen.

Was in diesen Stellungnahmen fehlt, aber in den Gedichten von Dschalaluddin Rumi unübersehbar zum Ausdruck kommt, ist die Dimension der Freundschaft: Die spirituelle Führung oder Weggemeinschaft hat immer auch den Charakter der Freundschaft, denn in ihr offenbart sich die Liebe

Gottes. Dass Dschalaluddin Rumi dies so stark betont, hat mit seiner eigenen Biographie zu tun.[96] Er kam 1207 in Balch zur Welt, in einer Stadt am nördlichen Rand des afghanischen Zentralmassivs. Sein Vater wirkte dort als bekannter Theologe und Leiter einer Mystikergruppe. 1219 ergriff die Familie angesichts der unstabilen politischen Verhältnisse die Flucht in Richtung Iran, verband ihre Reise mit der Pilgerfahrt nach Mekka, ließ sich für kurze Zeit in Syrien, dann in Anatolien nieder (in der heutigen Türkei). Der erste Wohnort war Karaman, der zweite und endgültige, im Jahre 1228, Konya. Der Vater wurde theologischer Berater am Hof der Rum-Seldschuken, Lehrer an einer Medrese und Leiter einer mystischen Bruderschaft. Dschalaluddin Rumi selber befasste sich neben dem Studium der Philosophie und Theologie vor allem mit der arabischen und persischen Literatur. Nach dem Tod des Vaters im Jahre 1231 übernahm er dessen Aufgaben. Im Jahre darauf kam es, soweit es geschichtlich nachweisbar ist, zu einem ersten Meister-Schüler-Verältnis: Burhaneddin Muhaqqiq, ein Freund des Vaters, tauchte auf und unterrichtete ihn in den mystischen Lehren und Praktiken des Vaters. Dieses Lehrer-Schüler-Verhältnis dauerte acht Jahre, und Dschalaluddin Rumi übernahm immer mehr auch die spirituellen Aufgaben seines Vaters. 1244 kam es zu einem skandalösen Eklat: Mitten auf der Straße wurde der anerkannte Theologe von einem Qalandar, einem Wanderderwisch, aufgehalten und mit einer provozierenden Frage in einen mystischen Austausch gelockt.

Vier Jahre lang blieb Schamsi-Tabriz als geliebter Freund und Scheich in Dschalaluddin Rumis Nähe, von einer Flucht nach Syrien abgesehen, als er sich vor Anfeindungen durch eifersüchtige Anhänger Dschalaluddin Rumis in Sicherheit bringen musste. Sie lebten eine absorbierende, verzehrende Freundschaft, die die bestehenden Gefüge der Familie und der spirituellen Gemeinschaft um Dschalaluddin Rumi gefährdete. 1248 wurde Schamsi-Tabriz – so lautet die heute übliche Vermutung – umgebracht. Dschalaluddin Rumi trauerte um seinen Freund, wusste aber zugleich, dass für die innere Erfahrung von Nähe der äußere Bezug nicht mehr notwendig war: Sie hatte ihre Wurzeln in der Einheitserfahrung in Gott.

In den späteren Jahren war Dschalaluddin Rumi immer ausgeprägter der führende Scheich; er hatte einen großen Kreis von Suchenden um sich, denen er Wegleitung und Freundschaft schenkte, einige von ihnen sind namentlich überliefert, vor allem der Goldschmied Salaheddin und Husameddin, der ihn zu seinem großen Werk *Mathnawi* inspirierte. Als Dschalaluddin Rumi »am Abend des 17. Dezember 1273 diese Erde verließ, nahmen alle Religionsgemeinschaften an seiner Beisetzung teil, jede ihren eigenen Riten gemäß, und sie priesen ihn: ›Er war unser Jesus, er war unser Moses.‹ Der ekstatische Tanz dauerte Stunde um Stunde.«[97]

Was ihm die Freundschaft mit Schamsi-Tabriz an Gotteserfahrung brachte, hat Dschalaluddin Rumi im folgenden Gedicht festgehalten:

> Als einen umfassenden Spiegel
> der Ewigkeit begreife ich dich,
> ich sehe in deinem Auge
> mein eigenes Bild
> und sage mir: nun hab' ich endlich
> mich gefunden,
> in deinem Augenpaar fand ich
> einen hellen Weg,
> mein Bild ruft mir zu
> aus deinem Auge,
> daß ich du bin,
> du ich, vereinigt immerdar.[98]

Die Erfahrung der mystisch geprägten Freundschaft ließ ihn an Sicherheit gewinnen: Die Verbundenheit mit Gott hing von keinen äußeren Bedingungen mehr ab, sie war vorgegeben, sie war in seiner Seele schon angelegt. Der mystische Weg wurde zur Entdeckung Gottes in der eigenen Seele.

> In der Seele eine Seele – such die Seele doch!
> Bergkristall in deinem Körper – such die Mine doch!
> Wenn du kannst, so such den Sufi, such den Wanderer!
> Such nicht draußen, suche lieber in dir selber doch![99]

Auch wenn in der dritten Zeile des Gedichts möglicherweise noch eine Anspielung auf den Wanderderwisch Schamsi-Tabriz vorliegt, so sind die Anweisungen – an das eigene Bewusstsein, an Zuhörer, an die Leser seiner Gedichtsammlung – klar genug: Der Weg führt nach innen, in nicht mehr beschreibbare, nur noch bildhaft vorstellbare Innenräume.

Die Sonne mit ihrem Licht und ihrer Kraft ist in der islamischen Kultur ein Symbol für Gottes allumfassende Präsenz. Der Sonnenaufgang ist demnach der Moment, da Gott unser Leben mit seinem Licht und seiner Wärme zu bestimmen und zu beleben beginnt. Konnte es für Dschalaluddin Rumi eine tiefere Stimmigkeit geben, als dass der Name seines Freundes Sonne bedeutete? Diese Freundschaft mit der »Sonne aus Täbriz« und die Erfahrung der inneren Gegenwart Gottes haben das nächste Gedicht inspiriert: Wer Gott im Herzen trägt, für den sind nicht nur die geographischen Gegensätze wie Ost und West aufgehoben, sondern auch der Spannungsbogen von Leben und Tod, Freude und Angst, Gewinn und Verlust.

> Werde selbst zum Sonnenaufgang,
> dann werden, wohin du gehst,
> die Wege günstig sein,
> dann werden, wohin du gehst,
> die Orte im Osten liegen,
> die Osten werden in die Westen sich verlieben.[100]

Dschalaluddin Rumi gilt als der Begründer der tanzenden Derwische. Mit Sicherheit ist überliefert, dass er im Zustand innerer Erregung wirbelte, sich für längere Zeit dem Drehtanz widmete, ja dass er in diesem Zustand sogar dichtete und andere Menschen beriet. Es waren wohl eher seine Schüler Husameddin und einer seiner Söhne, die dem

Kreis um Dschalaluddin Rumi das feste Gefüge einer Bruderschaft gaben und den Drehtanz, der bei vielen Sufis als spontane Bewegung des inneren Gebetes auftreten konnte, als regelmäßiges Schulungsinstrument auf dem mystischen Pfad und als Ausdruck der Hingabe an Gott förderten. Der Orden der Mewlewi entfaltete sich in den Jahrhunderten nach dem Tod Dschalaluddin Rumis in der Türkei und international, es gibt ihn auch heute noch. Die Gründung der modernen Türkei durch Kemal Atatürk im Jahre 1923, die mit einem radikalen Säkularisierungsprozess verbunden war, entzog dem Orden die bisherigen Möglichkeiten der Einflussnahme und zwang ihn zu einem Leben im Verborgenen. Heute ist der Orden auch in der Türkei wieder geduldet; das Grabmal in der Stadt Konya und mehr oder weniger authentische Derwischveranstaltungen werden touristisch gefördert. Peter Cunz ist einer der acht Scheichs, die den Orden heute weltweit leiten. Er lebt in einem kleinen Dorf in der Nähe der Stadt Bern und arbeitet im Bundesamt für Energie.

Ich habe ihn früher schon gesehen: als Partner von Reshad Feild bei einer Sema-Feier am Todestag von Dschalaluddin Rumi, gesprochen habe ich ihn noch nie. Er hat mir versprochen, über seine Vorstellungen von äußerer und innerer Führung Auskunft zu geben.

Peter Cunz bringt aus dem Elternhaus und aus dem Schulunterricht eine evangelisch-reformierte Prägung mit, wobei die Religion und die Kirche, wie er betont, in seinem Elternhaus keine Rolle spielten. Dass ihn schon früh eine innere Sehnsucht erfüllte, daran erinnert er sich, und dass diese Sehnsucht in seiner Jugend keinen Raum fand, in dem sie sich ausdrücken konnte. Als er in Zürich studierte, begann er sich auch mit Theosophie, Mystik und Esoterik auseinanderzusetzen, vor allem durch Lektüre, aber auch durch Gespräche mit Elisabeth Haich und durch die Kurse bei Selvarajan Yesudian, der Yoga unterrichtete. Den Islam lernte er durch die Familie seiner ersten Frau in Guyana kennen.

Die innere Führung ist ihm vertraut. Er hat sie schon immer gekannt: in der Form der Traumbilder und einer kraftvollen Stimme. Sie ist für ihn durch keine äußere Führung ersetzbar. Sie bietet durch ihre »Zeichen« die Garantie, dass die äußere Führung auf dem richtigen Weg ist.

Peter Cunz besitzt als Scheich offiziell den Auftrag, andere auf ihrer spirituellen Suche anzuleiten. Er unterscheidet dabei die spirituelle Beratung, die er allen zukommen lässt, die ihn darum bitten, und die eigentliche Lehrer-Schüler-Beziehung. Der Unterschied liegt vor allem in der Direktheit der Intervention. Bei einer allgemeinen Beratung bleibt er im Rahmen der durch den Schüler vorgelegten Fragen und Probleme. Er achtet darauf, dass die Person ihre Autonomie behält. Wenn jemand eine Lehrer-Schüler-Beziehung aufgenommen hat – konkret bedeutet dies, dass jemand durch eine formelle Initiation (Gebet und Segensbitte) Zutritt zur Tradition des Ordens bekommt –, betrachtet er dies als Erlaubnis, getragen von seinen intuitiven Wahrnehmungen, selber das Gespräch mit dem Schüler oder der Schülerin zu suchen, ihm oder ihr selber Fragen zu stellen und im Dienst des inneren Weges den Schüler auch zu verunsichern. Für ihn ist wichtig, dass in einer heutigen Situation das Lehrer-Schüler-Verhältnis zeitlich offen bleibt: Es kann auf einen unbegrenzten oder einen bestimmten Zeitraum hin abgesprochen werden, und es kann von beiden Seiten aufgelöst werden.

Ich stelle mir vor, dass er es in der Schweiz und in den anderen Ländern, in denen er als Scheich für die Gruppen zuständig ist, zum größten Teil mit Christen und ehemaligen Christen zu tun hat. Deshalb werden sich bei diesen Menschen auf dem inneren Weg auch christliche Bilder und christliche Prägungen melden. Peter Cunz bestätigt meine Vermutung, lässt daraus aber keine problematisierende Frage entstehen: Unabhängig davon, ob die inneren Bilder einen christlichen oder islamischen Gehalt wiedergeben, sollten sie nach seiner Erfahrung früher oder später von einem bildlosen Zustand abgelöst werden. Peter Cunz erläutert mir anhand seiner eigenen Situation diesen Vorgang. Auch er als Scheich lässt sich durch einen der anderen Scheichs spirituell führen. Dieser Scheich ist für ihn als konkrete Person so wichtig, dass er ihn im Rahmen bestimmter Übungen imaginiert und sich innerlich vergegenwärtigt. Gleichzeitig versucht er ihn dabei transparent werden zu lassen, sodass in der Person des Scheichs Dschalaluddin Rumi aufscheint; auch ihn lässt er transparent werden, sodass der Prophet Mohammed aufscheint, und der Prophet schließlich ist der Durchgang zum ungestalteten, göttlichen Licht.

Dass Peter Cunz als Scheich sich führen lässt (Supervision) und er im regelmäßigen Austausch mit den anderen Scheichs die auftauchenden Fragen der spirituellen Führung bespricht (Intervision), klingt für mich modern. Am meisten leuchten allerdings seine Augen, als er hinzufügt, dass er den intuitiven Impulsen, die sich bei ihm in der Führung anderer einstellten, erst dann trauen würde, wenn sie der Überprüfung im Gebet standgehalten hätten.

Im Gespräch mit Peter Cunz kommt mir eine große Zuversicht entgegen: Dass die göttliche Kraft der Anziehung und Verwandlung die kleinste menschliche Anstrengung in ihrem Wert vervielfacht und dass jede spirituelle Liebesgeschichte von Seiten Gottes schon begonnen hat.

Der Prophet sagte: »Wohin immer unsere Religion geht – sie kommt nicht zurück, ohne den Menschen zu entwurzeln und sein Haus reinzufegen und zu reinigen. *Niemand berührt ihn als die Gereinigten* (Sura 56/79). Denn sie ist wie eine Geliebte. Solange noch eine einzige Spur von Selbstliebe in dir bleibt, wird sie dir keinen Zugang zu sich geben. Man muß vollkommen indifferent gegenüber sich selbst und der Welt und der Feind seiner selbst werden, damit der Freund sein Angesicht zeigen möge. In welchem Herzen unsere Religion verweile – sie zieht die Hand nicht von diesem Herzen zurück, bis sie dieses Herz zu Gott gebracht hat und es von allem trennt, was unpassend ist.«[101]

Gottes Leuchten im Herzen

> Die eigentliche Aufgabe des spirituellen Führers liegt darin, den Menschen auf das Wirken der Gnade vorzubereiten und ihm zu helfen, Hindernisse aus dem Weg zu räumen, damit er das Göttliche erfährt und es aus der Tiefe heraus zur Entfaltung kommen läßt.
>
> *Willigis Jäger*[102]

Der kurze Blick in die verschiedenen spirituellen Traditionen des Hinduismus, Buddhismus und Islam hat uns eine bewusste Kultur der spirituellen Führung entdecken lassen, eine Kultur, die speziell im 20. Jahrhundert immer mehr Menschen auch in Westeuropa, aus vermutlich ganz unterschiedlichen Gründen, angezogen hat. Einer der Gründe, die mitgespielt haben, liegt sicher in der Tatsache, dass die spirituelle Führung im Rahmen der christlichen Kirchen immer weniger anzutreffen war. Sie wurde im Zuge der Aufklärung und Säkularisierung vergessen oder war, verglichen mit den psychotherapeutischen Angeboten, nicht vital genug oder wurde den kontemplativen Ordensgemeinschaften als etwas sowieso Verstaubtes überlassen oder ...

Dieser Entwicklung steht eine großartige Führungstradition gegenüber, die spätestens seit den ersten Mönchsgemeinschaften gut dokumentiert vorliegt, eine spirituelle Psychologie, die in den Orden und Gemeinschaften praktiziert und weitergegeben wurde, von der aber auch engagierte Christen und Christinnen profitierten, die in den Klöstern ihren Beichtvater, ihren Spiritual, ihre Beraterin aufsuchten.[103] Diese lange Tradition der spirituellen Führung ist umso wertvoller, als viele der begabten Männer und Frauen ihre Tätigkeit auch reflektierten und sie im Licht der eigenen mystischen Erfahrung und im Licht der Theologie zu verstehen versuchten. Die Gefahr, durch die spirituelle Führung Abhängigkeit zu schaffen oder jemanden zu manipulieren, war bewusst und wurde immer wieder besprochen. Dass es trotzdem zu spirituellen Erfahrungen kam, die auf uns heute einen krankhaften Eindruck machen, dass Gehorsam bzw. Führungsansprüche missbraucht und in gewissen Perioden der Kirchengeschichte ideologisch eingesetzt wurden, gehört zu den traurigen Kapiteln der christlichen Tradition.

Ich habe bereits von Henri Le Saux gesprochen.[104] Im Alter von 38 Jahren kam der französische Benediktinermönch nach Indien. In Südindien wollte er, gemeinsam mit Jules Monchanin, einen christlichen Ashram gründen, um durch eine neue Form des Ordenslebens »missionarisch« tätig zu sein. Es kam anders: Die Begegnung mit Ramana Maharshi im Jahre 1949 ließ das Projekt in den Hintergrund treten. Für ihn wurde wichtiger, sich jener mystischen Erfahrung zu stellen, die ihm in Ramana Maharshi gegenübergetreten und nun in ihm selber wachgeworden war. Im März des Jahres 1950 wurde der Ashram feierlich eingeweiht. Drei Jahre später erkrankte Jules Monchanin, er blieb kränklich und verließ 1957 schwer krank Indien; einen Monat nach seiner Abreise starb er in Paris. Henri Le Saux blieb dem Ashram bis 1968 treu: Er reiste in die verschiedenen Gebiete Indiens, zog sich für längere Perioden in die Einsamkeit zurück, kehrte aber immer wieder in den Ashram zurück, obwohl niemand von den vielen Besuchern und am Projekt Interessierten sich entscheiden konnte, der kleinen Gemeinschaft beizutreten und das Leben der Gründer zu teilen. 1968 überließ er den Ashram Francis Acharya und Bede Griffiths[105].

Henri Le Saux entfaltete während seiner Jahre in Indien eine große spirituelle Seelsorge; modellhaft kann er mit seinem Einsatz verdeutlichen, welche Formen der spirituellen Führung in der christlichen Tradition bekannt waren und sind. Henri Le Saux hörte die Beichte, wohin er auch auf Besuch kam, in Pfarreien und in religiösen Gemeinschaften – im Bereich der katholischen Kirche vor dem Zweiten Vatikanischen Konzil (1962–1965) eine der Möglichkeiten, Menschen ganz persönlich zu beraten und spirituell zu führen, vor allem wenn für das Beichtgespräch immer derselbe Priester zur Verfügung stand. Im Anschluss an das Konzil – und natürlich auch als Folge des Priestermangels – veränderte sich die Bußpraxis: An die Stelle der Einzelbeichte traten Bußfeiern, die die persönliche Begleitung in diesem Ausmaß nicht mehr zuließen.

Als Priester war er dazu verpflichtet, wenn möglich täglich die Messe zu feiern; Henri Le Saux ging dieser Verpflichtung nach, auch wenn er allein lebte; wenn er die Messe in Gemeinschaft mit andern feiern konnte, predigte er auch – eine weitere Möglichkeit, seine spirituellen Einsichten zu formulieren und andern mitzuteilen.

Die katholische Kirche verlangte von ihren Priestern und Ordensleuten, dass sie sich regelmäßig für Exerzitientage zurückzogen. Solche Intensivzeiten erinnerten die in der Seelsorge oder in sozialen Projekten aktiven Priester, Schwestern und Ordensbrüder daran, dass auch ihr Leben das kontemplative Ideal der Mönche nicht ganz verlieren durfte. Diese Tage waren geprägt durch das persönliche und gemeinsame Gebet, die Stille, die Besinnung und die Besprechung – heute würde man von Supervision sprechen – des eigenen Lebens mit einer Vertrauensperson. Ignatius von Loyola (1491–1556), der Gründer des Jesuitenordens, hatte solche Intensivzeiten für die Mitglieder seines Ordens zur Regel gemacht, ursprünglich in der Absicht, dass in diesem geschützten Raum innere Erfahrungen möglich wurden, wie sie ihm selber während der Zeit seiner Genesung nach schweren Kriegsverwundungen geschenkt wurden. Durch den Einfluss des Jesuitenordens wurden kürzere oder längere Formen von Exerzitien auch in den anderen kirchlichen Orden vorgeschrieben.

Es gibt heute eine umfangreiche Literatur, die die ignatianischen Exerzitien psychologisch und spirituell kommentiert und in zeitgemäße Übungsformen umsetzt. In diesen Kommentaren wird der Rolle des Exerzitienleiters eine große Bedeutung beigemessen. Er hat in der Leitung der Einzelnen eine Vertrauensatmosphäre zu schaffen, die es jedem ermöglicht, sich zu öffnen und den eigenen Weg zu finden.

> Der Exerzitienleiter trägt die Verantwortung für die Initiation des geistlichen Individuationsprozesses. Seine Aufgabe ist zunächst eine inspirative, dann eine mehr reflexiv begleitende, immer jedoch eine maieutische. Er soll den Übenden dazu anleiten, bestimmte geistliche Erfahrungen zu machen, und ihm dann Hilfen geben, mit diesen Erfahrungen umzugehen. Dabei kann der Exerzitienleiter gleichsam nur auf die Tür hinweisen, durch die der Übende selbst gehen muß.[106]

Wie weit Henri Le Saux die tradierte Form der Exerzitien überdacht und aktualisiert hat, ist nicht bezeugt; ich nehme an, er war grundsätzlich dankbar dafür, dass die Tage engagierter Tätigkeit und vielseitiger Kontakte durch Tage der Stille und der Meditation unterbrochen wurden, und strahlte diese Grundhaltung auch aus, wenn er Exerzitien leitete. Seit dem Jahre 1950 wird im Tagebuch immer wieder erwähnt, dass er kleinere oder größere Gemeinschaften – manchmal waren es Schwesterngemeinschaften, manchmal Seminaristen oder Priestergruppen – durch solche Intensivzeiten begleitete. Er wird solche Tage genutzt haben, um seine innerste Erfahrung ansteckend zu vermitteln. In einer Studie über Henri Le Saux weist Marie-Madeleine Davy[107] auf einen Artikel bzw. auf einen Vortrag hin, den Henri Le Saux 1973 in Bangalore aus gesundheitlichen Gründen nicht mehr selber halten konnte, der aber in den Akten des Kongresses veröffentlicht wurde. Henri Le Saux umschreibt in diesem Artikel den Auftrag der Mönche in Indien, indem er sich an den traditionellen Formen der Gotteserfahrung orientiert: Karma, Bhakti, Jnana. Karma bedeutet für ihn das aktive Engagement in Form der sozialen Betreuung und Seelsorge, Karma umfasst in seinen Augen auch das sakramentale und gottesdienstliche »Tun«, Formen der Gotteserfahrung, die den Indern, aber auch den in Indien tätigen Priestern und Schwestern bestens vertraut waren. Bhakti wiederum meint Herzensfrömmigkeit, Hingabe und lässt sich, ähnlich wie Karma, mit vielen Formen der christlichen Frömmigkeit verbinden. Jnana, Erkenntnis, hingegen ist ein innerer Weg, der sich von allem Zeichenhaften löst, es ist jene Form der Gotteserfahrung, die ihn selber seit seiner Begegnung mit Ramana Maharshi beschäftigt und erfüllt. Er betont, dass diese Form der Gotteserfahrung in der christlichen Tradition durch die geschichtliche Entwicklung zwar in Vergessenheit geraten ist, dass aber die Präsenz des christlichen Mönchtums in Asien nur dann Sinn macht, wenn sich die Schwestern und Mönche dieser Erfahrung stellen. Je mehr er selber sich seiner inneren Berufung sicher war, desto stärker dürfte Henri Le Saux in den Exerzitien die Priester und Ordensleute auf diese mystische Seite ihres Lebens aufmerksam gemacht haben.

> Hier [bei Jnana] geht es um die reinste Form der Gotteserfahrung, da sie auf jede *Vorstellung* von Gott verzichtet. Bis dahin war Gott ein Begriff, eine Vorstellung, eine »Projektion«. Man erkannte ihn nur in der Idee, die man von ihm hatte, auch wenn die Liebe in ihrer unbändigen Kraft die Grenzen des Denkens überwand und zu ihm aufstieg wie eine Rakete, die ins All gerichtet ist. Hier nun befinden wir uns jenseits des *eidos*, des Begriffs. In der Erfahrung des absoluten Selbst, des absoluten Ich rührt das reine Bewußtsein an das Absolute selbst. Aber in dieser Erfahrung wird alles durch Gott und das Selbst aufgezehrt. Der Schatten hat der Wahrheit Platz gemacht; endlich lassen wir jene Anbetung im Geist und in der Wahrheit, deren Vorrang Jesus in Erinnerung gerufen hat, Wirklichkeit werden.
>
> [...]
>
> Es scheint auf jeden Fall selbstverständlich zu sein, daß sich die christlichen Mönche hier in Indien durch den Geist zu jener vollständigen Entäußerung des Jnana-Weges führen lassen. Er entspricht so gut ihrer Berufung und bereitet die volle Entfaltung dessen vor, was sie ursprünglich nach Indien gebracht hat. Mehr als alle anderen Christen stehen die Mönche unter dem Auftrag, die reiche und wunderbare Jnana-Erfahrung in den spirituellen Reichtum derjenigen, die an Christus glauben, zu integrieren. Ohne diese Erfahrung wäre die Herrlichkeit der Kirche nicht vollständig.[108]

Beichtgespräche, Liturgie, Predigt, Exerzitienleiter – Henri Le Saux schrieb Bücher[109], die seine Erkenntnisse und Anliegen weitertrugen, und immer wieder schrieb er auch dem Einzelnen: Mit mehreren Personen stand er in einem spirituellen Briefwechsel[110]. Im einen und anderen Fall entwickelte sich aus der Korrespondenz auch eine persönliche Beziehung, zu den Briefen kamen Besuche, Gespräche, gemeinsame Zeiten des Rückzugs hinzu. Schwester Thérèse etwa, die im Karmel von Lisieux lebte und mit Henri Le Saux in Briefkontakt stand, kam ebenfalls nach Indien; sie hielt sich eine Zeit lang im Karmel in Pondichéry auf und begann dann an verschiedenen Orten als Eremitin zu leben. Schließlich zog sie sich in den Norden Indiens (Himalaya) zurück. Wann immer es ihm die Reiseroute erlaubte, besuchte er Schwester Thérèse und unterstützte sie auf ihrem spirituellen Weg. Schwester Thérèse und Marc Chaduc, ein junger Franzose, ließen sich am meisten von Henri Le Saux »beeinflussen«: In den Erfahrungen, in die er hineingeholt worden war, entdeckten sie ihre eigenen. Es war, als ob er ihnen durch seine jahrelange und oft schmerzhafte Suche einen Weg gebahnt hätte, den sie nun schneller gehen konnten, als ob sich Erfahrungen übertragen ließen. Mit anderen Worten: Henri Le Saux gelangte in den letzten drei Jahren seines Lebens in eine neue Form der spirituellen Seelsorge, er wurde selber zum Guru.

Allmählich und in dem Maße, als bei den Katholiken, Protestanten und Hindus ein Interesse wach wurde für das, was ihm am Herzen lag, und seine Bücher bekannt wurden, entstand um seine Person ein Netz von tiefen Freundschaften. Und schließlich fand er einen Schüler und mit ihm die menschliche Fülle: die Vaterschaft.

Er, der davon träumte, einsam und von der Welt losgelöst zu leben, ohne daß er es je erreichte, und der deshalb von Angst und Schuldgefühlen geplagt wurde – er, der *Sannyasi*, entdeckt die ganz menschliche Wärme einer persönlichen, konkreten, lebendigen Beziehung. Alle seine abstrakten Theorien brechen zusammen und entstehen im Konkreten in neuer Form. Die Erfahrungen mit Marc sind für seinen Organismus, der durch das asketische Leben und die unzähligen mühsamen Reisen bereits verbraucht ist, eine zu große Belastung: Sie fördert sein Ende. Wie von einem Blitz wird er von einem Herzinfarkt getroffen; mit einer neuen Klarheit geht er aus ihm hervor. Er schreibt noch einige Briefe und verglüht ein paar Monate später.

> Diese Väterlichkeit, diese Liebe zu seinem spirituellen Sohn, die ich als im tiefsten Sinn menschlich bezeichnen möchte, gaben ihm im letzten Lebensabschnitt die Erfahrung der Fülle. Es ist bekannt, daß seine Spiritualität ganz vom *Abba Vater* Jesu lebte. [...] Aber was ihm noch fehlte, war die Inkarnation, die Erfahrung der Vaterschaft und Sohnschaft, die Erfahrung, im Raum und in der Zeit Guru zu sein, und zwar ganz körperlich. Von daher ergibt sich die Bedeutung von Marc für Henri (wie er ihn nannte), da liegt meines Erachtens auch der Schlüssel für das Verständnis des Menschen Henri Le Saux, wie ihn das (nicht veröffentlichte) Tagebuch von Marc (Ajatananda) belegt.[111]

Im Oktober 1971 begegneten sich Marc Chaduc und Henri Le Saux in Delhi; vorausgegangen war wie bei Schwester Thérèse ein Briefwechsel. In den gemeinsamen Tagen in den Jahren 1972 und 1973 führte Henri Le Saux Marc Chaduc in die mystischen Erfahrungen ein; im Sommer 1973, am 30. Juni, erteilte er ihm in Rishikesh die eigentliche Initiation, und zwar gemeinsam mit dem Oberhaupt des Sivananda-Ashram in Rishikesh, mit Swami Chidananda. Mit Marc Chaduc sollte eine »Ordenstradition« beginnen, deren Mönche nicht mehr an eine bestimmte, zeit- und kulturgeschichtlich festlegbare Religion gebunden werden und die in dieser Freiheit für die Weitergabe der Erfahrung des Absoluten zuständig sind. Im Sannyasi-Namen von Marc Chaduc klingt diese einzige Aufgabe nach: Ajatananda lässt sich übersetzen mit die »Seligkeit des Nicht-Geborenen«.

In welcher Tiefe Henri Le Saux die Erfahrung des Guru machen durfte, ja machen musste – Raimundo Panikkar hat es in seinem oben angeführten Kommentar bereits umschrieben –, in welche Erfahrung von Einheit in Gott und menschlicher Nähe sie mündete, wird in der Tagebucheintragung vom 3. Juli 1973, ein paar Tage nach der Initiation, deutlich:

> Diese drei Tage eine schreckliche Angst: Was geschieht mit meinem Sohn?[112] Was ißt er? Wo schläft er? Wird ihm nichts zustoßen? Und der Regen? Ich kann nichts essen, ohne mich zu fragen, ob er wohl sein Essen gefunden hat ...; keinerlei Appetit auf irgendetwas.

Und die Angst, daß er mich verlassen hat, nicht nur physisch, sondern daß er in eine Dimension des Heiligen vorgedrungen ist, zu der ich nie Zugang haben werde ...

Ich schreie nach ihm wie er nach ... bis zum Ersticken.

Und doch weiß ich, daß ihm nichts Schädliches zustoßen kann. Das Selbst zieht jeden an sich, sobald das Selbst von allem Ego befreit ist. [...]

Derjenige, der nach mir kam, ist mir vorangegangen, und ich konnte ihn nicht mehr erreichen ... Und doch: Wohin du auch fliehst, ich bin es, wohin du gelangst! zu dieser Tiefe in mir, woher ich dich geheimnisvoll gerufen habe ... Er ruft mich dorthin, wo er ist. Dorthin, wohin ich ihm den Weg gezeigt habe, ohne je daran zu denken, daß er ihn so ernst nehmen würde![113]

Im Niemandsland eines Dorfrestaurants sitzen wir einander gegenüber, Magdalena Rüetschi und ich; wir kennen uns seit mehreren Jahren, haben gemeinsam ein Buch[114] herausgebracht, gemeinsam Seminare geleitet, und doch fällt mir das Fragen schwer. Ich ahne, dass es uns in einen persönlichen Bereich hineinführt, der zwar immer mitschwang, bisher aber noch nie in Worte gefasst wurde. Seit Jahrzehnten ist sie in Aarau als Psychotherapeutin tätig, zudem als Lehranalytikerin und Dozentin am C.G. Jung-Institut Zürich. Sie begleitet Menschen und versucht, mit ihnen zusammen Aufschluss über die notwendigen inneren und äußeren Schritte zu gewinnen. – Versteht sie sich dabei als eine Art Guru? Und hat sie auf ihrem eigenen Weg die Führung durch äußere Meister erlebt, oder kennt sie ausschließlich die innere Führung?

Ihre Antwort auf die letzte Frage kommt schnell und klar: Sie kennt beides. Und sie wünscht, die Linie der äußeren Meister nachzeichnen zu dürfen.

Sie erzählt von ihrer Großmutter. Während eines Zeitraums von zehn Jahren – zwischen ihrem fünften und fünfzehnten Lebensjahr – weilte ihre Großmutter für jeweils etwa drei Wintermonate in ihrem Elternhaus. In dieser Zeit teilte sie mit ihr dasselbe Zimmer. Die Großmutter las regelmäßig in ihrer großen Bibel; da sie darin Lebenssinn und Anleitung zur Lebensführung fand: diese Lektüre gehörte zu ihr wie die tägliche Nahrung. Magdalena Rüetschi erinnert sich zudem an Gespräche, die ihre Großmutter halblaut im nächtlich dunklen Zimmer führte, wenn sie ihr Leben mit Gott besprach oder wenn sie betete.

»Jetzt kennst du meine erste Meisterin«, meint Magdalena Rüetschi im Blick auf ihre Großmutter. Ihr verdankt sie, was sie selber geprägt hat: die Faszination für die biblischen Geschichten und das Vertrauen, dass in der Tiefe dieser Worte und Geschichten dieselbe göttliche Kraft am Werk ist wie im Innern jedes Menschen, dass dem Menschen immer Führung zukommt, aus dem Herzen und/ oder durch das Wort. Das Interesse an der Bibel und ihren Geschichten begleitete sie: bei der ersten Lektüre, im Besuch der Sonntagsschule und im Engagement in einer Bibelgruppe des Lehrerseminars. Diese Gruppe wurde von einer Seminarlehrerin geleitet, die sie als ihre zweite Meisterin bezeichnet: eine geistig geprägte Frau, frei von jeglichem Fanatismus.

Im Rückblick betont Magdalena Rüetschi, dass die Beschäftigung mit der Bibel für sie nie mit Hektik, Aktivismus oder gar religiösem Leistungsdenken verbunden war. Lektüre und Reflexion waren immer eingebettet in Stille und Besinnlichkeit, in einen Raum, in dem das Wort sich entfalten konnte. So empfand sie es nicht als etwas Fremdes, als sie auf christliche Gruppen stieß, die dem Schweigen und der Stille einen großen Stellenwert gaben. Während eines Studienaufenthaltes in England lebte sie in einem Quäker-College; während ihrer Tätigkeit in Genf – sie leitete dort ein Jugendhaus – zog sie sich gern in die Schwesternkommunität von Grandchamp zurück.

Ich erwarte, dass Magdalena Rüetschi nach den beiden »Meisterinnen«, der Großmutter und der Seminarlehrerin, auch jene Personen, die sie in der Ausbildung in der analytischen Psychologie C.G. Jungs begleiteten, mit derselben Selbstverständlichkeit als Meister bezeichnet. Doch sie wehrt ab. Schon als Kind erfuhr sie die innere Gewissheit, mit Gott verbunden und von ihm geführt zu sein. Die tiefenpsychologische Ausbildung vermittelte ihr noch einen zusätzlichen Zugang für ein vertieftes Verstehen ihres eigenen Wesens und des Wesens anderer Menschen. Sie war aber nie mit einer Abhängigkeit gegenüber Lehrperson gekoppelt. Magdalena Rüetschi erzählt lachend von einem Traum zu Beginn ihrer Ausbildung: C.G. Jung erschien ihr persönlich und machte ihr klar, dass sie die Jungsche Psychologie nicht »so heilig ernst« nehmen solle, er sei auch nur ein Mensch gewesen ... Ebenso wurden ihre Lehranalytiker (Marie-Louise von Franz in Zürich und Gerhard Adler in London) wohl sehr wichtige Lehrpersonen, aber nicht »Meister« mit absoluter Autorität.

Für die eigene Verantwortung in ihrer psychotherapeutischen Arbeit wählt Magdalena Rüetschi einen Begriff, den ich noch nie gehört oder gelesen habe: den »Doppelmeister«. Das heißt: Der Klient oder die Klientin und sie als Therapeutin sind auf der gemeinsamen Suche nach dem Erkennen dessen, was jetzt im Leben des Klienten oder der Klientin einzusehen und zu tun ist. Dazu, das betont Magdalena Rüetschi, sei die Verbundenheit mit der eigenen inneren Welt (insbesondere durch die Beachtung der Träume) und die ständige Prüfung des eigenen Verhaltens von großer Wichtigkeit.

Was Magdalena Rüetschi und mich seit Jahren verbindet, ist das Interesse an Lyrik. So kann meine letzte Frage nur lauten, ob sie im einen und anderen ihrer eigenen Gedichte die Bedeutung der inneren Führung bzw. die Aktivität des inneren Meisters gestaltet hat. Sie nennt spontan sechs Titel: *Ja Pascal hat recht, Die Stille, Dein Körper, Der Traum, Der Augenblick* und *Diskus Leben Lauf*.[115] Zwei dieser Gedichte möchte ich an den Abschluss dieses Kapitels setzen.

Ja Pascal hat recht

Aus Pascal's Pensées, Fragment 86

»... so habe ich oft gesagt, daß alles Unglück des Menschen
einem entstammt, nämlich, daß sie unfähig sind, in Ruhe allein
in ihrem Zimmer bleiben zu können ...«

Ja Pascal hat recht
in seinem Zimmer
bleiben
allein

Entwürfe Widersprüche Aufbrüche

das Eigene
schlüpft aus

wenn es
die ersten Schritte wagt
häutet sich
die Welt.

Dein Körper

Dein Körper
ein Haus

auszublenden
die andere Welt
dein Leben
darin
zu formen
mit Lehm
die Figur
den verborgenen Gott.

Das Vertrauen auf den inneren Meister

Die Suche nach dem Innenraum des Menschen vollzieht sich als eine Antwort auf einen Ruf. [...]

Der Ruf ist außen nicht zu vernehmen. [...] Um ihn zu vernehmen, muß man mit ganzem Ohr lauschen, nicht mit dem Organ sinnlichen Hörens, sondern mit dem »Ohr des Herzens«, welches erst entdeckt werden muß, um dann unermüdlich trainiert und in seiner Wahrnehmungsfähigkeit verfeinert zu werden.

Welchen Namen man der Stimme gibt, die ruft, ist unwichtig. Man kann sie Gott, Gottheit, Leben, Licht nennen.

Marie-Madeleine Davy[116]

In ihrem Buch *Die Wandlung des inneren Menschen* beschreibt Marie-Madeleine Davy, angeregt durch ihre tiefe Kenntnis der mystischen Theologie des europäischen Mittelalters und der östlichen Spiritualität, den inneren Entwicklungsweg des Menschen und die unterschiedlichen Modelle, nach denen sich eine solche Entwicklung entfalten kann. Im zweiten Kapitel, dem sie die Überschrift *Die Leiden des spirituellen Menschen und deren Heilmittel* gegeben hat, spricht sie das Thema an, das uns beschäftigt: die Rolle des Meisters und Lehrers. In ihren Augen ist die Begleitung durch den Meister sehr entscheidend; sie bestimmt die Qualität des inneren Fortschritts.

Der Mensch braucht auf seiner Suche nach dem ihm eigenen Innenraum einen Führer, der ihn aufklärt, der ihn zu einem schnelleren Schritt antreibt und ihn dann, wenn er müde und seines Weges überdrüssig ist, stärkt und tröstet. Der Meister muß seinen Jünger aus dem Schlafe aufrütteln und ihn, wenn er sich in den Mäandern seines Inneren verirrt, zu größerer Aufmerksamkeit mahnen.

So sollte jeder, der die Reise nach innen angetreten hat, wünschen, er besäße einen Führer, der im inneren Leben erfahren ist und es nicht notwendig hat, seinem Jünger etwas vorzumachen: einen Guru mit einer scharfsichtigen Urteilskraft, der sich selbst und nicht nur seine Mitmenschen in Frage zu stellen weiß.[117]

Mit derselben Selbstverständlichkeit, mit der Marie-Madeleine Davy vom äußeren Meister und Lehrer spricht, spricht sie auch vom inneren Meister. In ihren behutsamen Formulierungen knüpft sie an die Tradition der christlichen Mystik an.

> In der westlichen Überlieferung trägt der Meister und Lehrer der persönlichen Berufung eines jeden Einzelnen Rechnung. Er hält sich an das, was sein Jünger von jenem Meister und Lehrer vernimmt, der in ihm spricht und lehrt. Er arbeitet mit diesem inneren Lehrer seines Jüngers in unermüdlicher Geduld zusammen, wobei er, ohne sich aus der Ruhe bringen zu lassen, jede Abwehr, jede Klage, aber auch jedes Zeichen von Zuneigung, Vertrauen und Achtung gelten läßt. [...] Er weiß, die verschiedenen Zeiten, in denen sich die Reife vollzieht, nicht durcheinanderzubringen, und doch beschleunigt er den Reifungsprozeß des Lichtsamens im Herzen seines Jüngers, indem er ganz genau auf das Ereignis »der heiligen Begegnung« achtet, die sich im Geheimnis der Innerlichkeit vollzieht.[118]

»Der Meister, der in uns spricht«, »der innere Lehrer« und »der Lichtsamen im Herzen« sind Ausdrücke für jenen Vorgang der inneren Führung[119], den die Berichte der christlichen Mystiker und Mystikerinnen immer wieder und in ganz unterschiedlichen Bildern bezeugen. Die Mystiker selbst sehen ihre Erfahrung der inneren Führung bereits im Neuen Testament ausgedrückt, und zwar an zwei Stellen der Paulusbriefe und in den so genannten Abschiedsreden des Johannesevangeliums. An einer Stelle des Briefes an die Gemeinde in Rom (Röm 8,15–16), in der Paulus die neuen Möglichkeiten eines mit Gott verbundenen Lebens umreißt, schreibt er:

> Ihr müsst euch nicht mehr vor Gott fürchten. Er hat euch seinen Geist gegeben, und das zeigt euch, dass ihr nicht seine Sklaven, sondern seine Kinder seid. Weil sein Geist in uns lebt, sagen wir zu Gott: »Abba! Vater!« Und Gottes Geist bestätigt unserem Geist, dass wir wirklich Gottes Kinder sind.

In diesen biblischen – und damit geheiligten, für sie »sanktionierten« – Worten finden die Mystiker wiedergegeben, was sie selbst erleben: In ihnen wirkt eine Geistkraft, die sie klar von ihrem eigenen Geist unterscheiden können, eine Kraft, die ihnen eine ungewohnte, selbst nicht herstellbare, neue Nähe zu Gott schenkt. Die Jesus zugeschriebene Gebetsanrede »Abba! Vater!«, die von einer seltenen Intimität und Zärtlichkeit zeugt, wird auch in ihrem Bewusstsein lebendig; dadurch werden sie gelehrt, »richtig«, d. h. gottgemäß zu beten. Und die Geistkraft bestätigt dem Menschen durch eine innere Gewissheit, dass er mit Gottes Zuwendung rechnen darf, wie ein Kind selbstverständlich mit der Zuwendung der Mutter und des Vaters rechnet.

Auf der Basis dieser Sätze können die Mystiker auch festhalten, was ihnen am inneren Meister zentral ist: Er vermittelt eine erlebbare vertrauensvolle Geborgenheit in Gott. Und dass diese Geborgenheit nicht eine Selbsttäuschung ist, sondern mit Gott zu tun hat, dafür spricht die im Herzen wachgewordene Gebetsanrede, denn in dieser Direktheit war und ist sie nur Jesus möglich. Mit anderen Worten: Der innere Meister besitzt für sie deutlich einen Jesus-Gehalt. Dies wird an einer weiteren Stelle, in Sätzen des zweiten Briefs des Paulus an die Gemeinde in Korinth (2 Kor 4,6), deutlich, wenn der innere Meister ein Antlitz erhält:

> Gott, der gesagt hat: »Aus Finsternis soll Licht aufstrahlen!«, er hat es in unseren Herzen aufstrahlen lassen, so daß wir erleuchtet werden durch die Erkenntnis von der Herrlichkeit Gottes auf dem Angesicht Christi.[120]

Die Art und Weise, wie die Mystiker diesen Text gelesen haben, lässt sich mit den folgenden Gedankenschritten nachvollziehen: Gott war zu Beginn der Zeiten durch sein Wort schöpferisch und brachte Licht ins chaotische Dunkel – mit dem Zitat spielt Paulus an das Schöpfungsgedicht zu Beginn des biblischen Buches *Genesis* an; ein ähnlicher lichtvoller Schöpfungsvorgang kann sich jederzeit im Bewusstsein, im Herzen des Menschen vollziehen. Wenn es zu dieser Erleuchtung kommt, so wird ein inneres göttliches Antlitz sichtbar, das Antlitz Christi. Dieses Gesicht ist das Gesicht

des inneren Meisters. Auf dem Hintergrund dieses Textes
verstanden die Mystiker ihr spirituelles Ringen als eine
Klärung dieses inneren Angesichts von den »Gesichtszü-
gen« des eigenen Bewusstseins, als ein immer stärkeres Be-
stimmtwerden durch das Licht dieses Angesichts.

Noch stärker als die eben zitierten Stellen beeinflusst eine
Passage der Abschiedsreden im Johannesevangelium die
Mystiker und Mystikerinnen in ihrer Wahrnehmung und
Deutung der inneren Führung. Der Verfasser des Johan-
nesevangeliums[121] hat eine damals bekannte literarische
Form, das Testament, aufgegriffen und in den Bericht von
Jesu Leiden, Tod und Auferstehung eingebaut: die Ab-
schiedsrede. In der verpflichtenden Form der »letzten
Worte« lässt er Jesus noch einmal die wichtigsten Aussagen
und Anliegen wiederholen. Die für die Ortung des inneren
Meisters wichtigen Sätze (Joh 14,18–26) lauten:

> »Ich will euch nicht als Waisen zurücklassen; ich komme wieder zu
> euch. Nur noch kurze Zeit, und die Welt sieht mich nicht mehr. Doch
> ihr werdet mich sehen, weil ich lebe und auch ihr leben werdet. An je-
> nem Tage werdet ihr erkennen, daß ich in meinem Vater bin und ihr in
> mir seid und ich in euch bin. Wer meine Gebote hat und sie bewahrt,
> der ist es, der mich liebt. Und wer mich liebt, wird auch von meinem
> Vater geliebt werden, und ich werde ihn lieben und mich ihm offenba-
> ren.«
>
> Sagt zu ihm Judas – nicht der mit Beinamen Iskariot –: »Herr, wie
> kommt es, daß du dich uns und nicht der Welt offenbaren willst?«
>
> Jesus antwortete und sprach zu ihm: »Wenn mich jemand liebt, wird er
> mein Wort halten; und mein Vater wird ihn lieben, und wir werden zu
> ihm kommen und bei ihm wohnen. Wer mich nicht liebt, hält meine
> Worte nicht, und das Wort, das ihr hört, ist nicht mein Wort, sondern
> das Wort des Vaters, der mich gesandt hat.
>
> Das habe ich zu euch gesprochen, während ich noch bei euch weilte.
> Der Paraklet jedoch, der heilige Geist, den der Vater in meinem Namen
> senden wird, der wird euch alles lehren und euch an alles erinnern, was
> ich euch gesagt habe.«[122]

Das Johannesevangelium zeichnet eine sehr souveräne Je-
sus-Gestalt: Jesus bestimmt den Rahmen seiner Lehrtätig-

keit, er vermittelt Gottes Heilswillen, er ergreift bei Kranken und Notleidenden die Initiative zur Heilung, er weiß über alles – die Pläne des göttlichen Vaters, aber auch die Machenschaften der Menschen – Bescheid und will nichts anderes als den Vollzug des göttlichen Planes. In dieser souveränen Art spricht auch der Jesus der Abschiedsreden. Er verspricht die Ostererfahrung: eine Gegenwart über seinen Tod hinaus.

Eine genauere Lektüre macht deutlich, dass sich in den Worten Jesu die immer stärker in die liturgische Feier und dann nach innen verlagerte Oster-Erfahrung der ersten christlichen Gemeinden zu Wort meldet: kommen – lieben – offenbaren – wohnen – lehren – erinnern. Wenn die Worte zuerst noch von einer sichtbaren und greifbaren Erfahrung zu sprechen scheinen, so macht der Schluss deutlich, dass es sich um eine innere Geist-Erfahrung handelt. Der Geist kommt und steht auf dieselbe Art und Weise der Gemeinde bei, wie Jesus für seine Jünger gegenwärtig war, mit dem einen und wichtigen Unterschied: Jesus war nur vorübergehend da, der Geist bleibt.

> Ich werde den Vater bitten, und er wird euch einen anderen Parakleten geben, damit er für immer bei euch ist, den Geist der Wahrheit, den die Welt nicht empfangen kann, weil sie ihn nicht sieht noch kennt. Ihr aber kennt ihn, denn er bleibt bei euch und wird in euch sein. (Joh 14,16–17)[123]

Bei dieser österlichen Geist-Erfahrung knüpfen die Mystiker und Mystikerinnen an, in ihr erkennen sie die eigene Erfahrung wieder: Der heilige Geist ist der innere Lehrer, er erschließt ihnen die überlieferten Worte und Taten Jesu neu, er inspiriert sie zu eigenen Worten und Taten, er ist »Teil« der göttlichen Liebe – die »Dreifaltigkeit« wird für die christlichen Mystiker zur Metapher eines ununterbrochenen Strömens göttlicher Liebe – und lässt sie teilhaben an Gott, der Liebe.

Dass im Rückbezug auf diese Stelle in der Abschiedsrede der innere Meister so stark auf das »Profil« Jesu festgelegt

wird, bewirkt zum einen sicher einen Schutz: Die Ver-
wechslung des eigenen egozentrischen Machtstrebens mit
dem inneren Meister ist nicht so schnell gegeben, es ist
möglich, die Geister zu unterscheiden. Es kann aber auch
zu einer Einengung führen, vor allem in Zeiten, da das offi-
zielle Jesusbild und damit auch das Gottesbild der Kirchen
auf moralisierende, die Entfaltung des Einzelnen unter-
drückende Aspekte reduziert wird.

Die Vorstellung vom inneren Meister und inneren Lehrer
taucht im Laufe der Jahrhunderte immer wieder auf. So
kommt etwa Augustinus (5. Jahrhundert) in seinem Werk
Der Lehrer, das er als Gespräch mit seinem Sohn Adeodatus
aufgebaut hat, und in seinen *Soliloquien* mehrfach auf den
inneren Lehrer zu sprechen; dieser ist, wenn wir anderen
(bei der Unterweisung) zuhören oder wenn wir (in biblischen oder spirituellen Schriften) lesen, der Garant für das
eigentliche Verstehen, für den verändernden Erkenntnis-
prozess:

> Was wir einsehen, erfahren wir nicht so sehr durch den von außen her
> zu uns Redenden als vielmehr durch die uns innerliche, unseren Geist
> überragende Wahrheit, zu deren Konsultation wir durch die Worte an-
> geregt werden. Befragt wird von uns jener Lehrer, auf den sich das
> Schriftwort bezieht, wonach Christus im inwendigen Menschen wohnt
> als Gottes unwandelbare Kraft und ewige Weisheit.[124]

Biblische Worte klingen nach, wenn Isaak von Ninive (7.
Jahrhundert) schreibt:

> Wenn der Heilige Geist im Menschen seinen Tempel aufgebaut hat,
> dann kann er immer beten. Ob dann der Mensch wacht oder schläft,
> das Gebet weicht nicht mehr aus seiner Seele. Während er ißt, trinkt,
> seine Arbeit verrichtet, im tiefen Schlafe ruht, der Weihrauchduft sei-
> nes Gebetes strömt aus seiner Seele. Jetzt beherrscht das Gebet die
> Seele nicht nur während bestimmter Zeitabschnitte, sondern in jedem
> Augenblick. [...] Seine Gedanken sind von Gott bewegt.[125]

In der mystischen Strömung der Hesychasten, die Konzen-
trations- und Atemtechniken entwickeln, die denen des
Hatha-Yoga in vielem verwandt sind, gilt der äußere Meister als sehr wichtig. Doch sie kennen auch – als Zugang zum
inneren Meister – die »Technik«, durch die Atembewegung
den Herzraum zu aktivieren und dadurch die Sensibilität
für die innere und leitende Präsenz Gottes zu fördern:
»Ziehe deinen Atem[126] durch die Nase ein; denn das ist der
Weg, den der Atem nimmt, um zum Herzen hinabzusteigen. Zwinge den Atem, in dem Augenblick des Einatmens
zum Herzen hinabzusteigen. Wenn du ihn dort eine Zeit
lang festhältst, wirst du die Freude spüren, die daraus folgt.
Du wirst es nicht bedauern. Ein Mann, der nach Abwesen-
heit nach Hause zurückkehrt, der freut sich, seine Gattin
und seine Kinder wiederzufinden. So geht es dem Geiste
ebenso, wenn er in seiner Seele Heimat findet, und er fließt
über von Wonne und unsagbarer Freude.«[127] So lautet die
Anweisung des Nikephoros, eines Einsiedlers, der im 13.
Jahrhundert diese Richtung vertreten hat. Ein anderer
Theologe derselben Zeit beschreibt die Erfahrung ähnlich:
Sobald der Geist – mit Hilfe der Atemtechnik – »die Stätte
des Herzens entdeckt hat, sieht er plötzlich, was er bisher
noch nie wahrgenommen hat. Er sieht die Luft, die sich innerhalb des Herzens befindet, er sieht sich selbst völlig
lichtdurchstrahlt und erfüllt mit der Gabe der Unterscheidung.«[128]

Dass Gott im Menschen wohnt und Gottes Aktivität wertvoller und für die Entwicklung des spirituellen Menschen
wirkungsvoller ist als alles, was er selber als »Frömmigkeits-
praxis« anpacken kann, gehört zur tiefsten Überzeugung
der deutschen Mystik. So unterscheidet Johannes Tauler
(14. Jahrhundert) in einer Predigt zwei gegensätzliche Formen von Spiritualität. Die Vertreter der einen Form sind
auf ihrem spirituellen Weg vielseitig aktiv, sie bleiben eif-
rig, ja verbissen aktiv, aber durch ihre Eigenaktivität verhindern sie den Einfluss Gottes. Die Vertreter der zweiten

Form wissen, dass von ihnen auf ihrem Weg nur die eine Aktivität gefordert wird: das Loslassen der Eigenmächtigkeit und der durch den Menschen bestimmten inneren Aktivität. Der Mensch »muß aufstehen von alledem, was nicht Gott ist, von sich selber und von allen Kreaturen. Und von diesem Aufstehen wird der Grund mit einem geschwinden Begehren [...] berührt, und je stärker das ist, desto mehr wächst das Begehren, und desto höher steigt es über sich selbst und geht oft bei dem Berühren des bloßen Grundes durch Fleisch und Blut und durch das Mark.«[129] Johannes Tauler möchte in seiner Predigt diese mystisch verstandene Passivität, diese Übergabe an Gottes Aktivität und Führung, schmackhaft machen. Deshalb lobt er ihre Vertreter:

> Diesen Leuten schmeckt allein Gott und niemand anders, und sie werden in Wahrheit »erleuchtet«, denn Gott leuchtet in allen Dingen kraftvoll und lauter in sie hinein, wahrhaftig in der tiefsten Finsternis und noch wahrhaftiger als im scheinenden Lichte. Ach, das sind liebreiche Leute, es sind übernatürlich-göttliche Leute, sie wirken und tun in all ihren Werken nichts ohne Gott, und wenn man es sagen darf: sie sind in gewisser Weise gar nicht, sondern Gott ist in ihnen. Ach, es sind liebreiche werte Menschen, sie tragen die ganze Welt und sind edle Säulen der Welt.[130]

Im *Cherubinischen Wandersmann,* in seiner Sammlung von mystischen Distichen, stellt Angelus Silesius (17. Jahrhundert) in einem Sonett die gängigen, meist biblisch bestimmten Metaphern zusammen, in deren Bildwelt die früheren Mystiker und Mystikerinnen von Gottes innerer Präsenz gesprochen haben:

Wie Gott in der Heiligen Seele

Fragst du, wie Gott, das Wort, in einer Seele wohne?
So wisse: wie das Licht der Sonnen in der Welt,
Und wie ein Bräutgam sich in seiner Kammer hält,
Und wie ein König sitzt in seinem Reich und Throne,

Ein Lehrer in der Schul, ein Vater bei dem Sohne,
Und wie ein teurer Schatz in einem Ackerfeld,

Und wie ein lieber Gast in einem schönen Zelt,
Und wie ein Kleinod ist in einer güldnen Krone,

Wie eine Lilie in einem Blumental,
Und wie ein Saitenspiel bei einem Abendmahl,
Und wie ein Zimmetöl in einer Lamp entzunden,

Und wie das Himmelbrot in einem reinen Schrein,
Und wie ein Garten-Brunn, und wie ein kühler Wein:
Sag, ob Er anders wo so schöne wird gefunden?[131]

Heinrich Seuse, ein Zeitgenosse Taulers, erlebt den inneren Meister nicht in einer der »üblichen« Gestalten, er erfährt »ihn« als Frau Weisheit. Die Weisheit ist eine Gestalt, die in den späten Büchern der jüdischen Bibel auftaucht, in der so genannten Weisheitsliteratur. Sie verkörpert als junge mädchenhafte Frau, aber auch als arrivierte, gesellschaftlich anerkannte Hausherrin verschiedene Formen der göttlichen Präsenz unter den Menschen: die spielerische, absichtslose Lebenslust, aber auch die kluge und erfolgreiche Kraft der Lebensgestaltung. Die Weisheit steht für den verborgenen göttlichen Plan in der Schöpfung und der Geschichte. – Mit dieser Gestalt hat das jüdische Gottesbild auch weibliche Züge erhalten.

An der einen und anderen Stelle der synoptischen Evangelien wird Jesus auf dem Hintergrund dieser Weisheitstheologie vorgestellt und gedeutet. Dies mag für Heinrich Seuse mit ein Anlass gewesen sein, dass er die innere göttliche Führung unter dem Bild der Frau Weisheit erlebt hat. Im Lebensbericht, den Elsbeth Stagel, eine mit Johannes Tauler in spiritueller Freundschaft verbundene Nonne, verfasst hat, wird erzählt, dass er schon zu Beginn seines Ordenslebens prägende innere Gotteserfahrungen erleben darf. Er wünscht sich, diese innere Instanz als ansprechbares Gegenüber erfahren zu dürfen, und sein Wunsch wird erfüllt: Die Weisheit zeigt sich ihm.

Sie schwebte hoch über ihm in einem Thron aus Wolken, sie leuchtete wie der Morgenstern und schien wie die blinkende Sonne; ihre Krone war Ewigkeit, ihr Gewand war Seligkeit, ihre Worte Süßigkeit, ihr Umfangen aller Lust Genügsamkeit. Sie war fern und nah, hoch und niedrig, sie war gegenwärtig und doch verborgen. Sie ließ mit sich umgehen und doch konnte niemand sie greifen. Sie reichte über den obersten Rand des höchsten Himmels und berührte den tiefsten Grund des Abgrundes. Sie reichte von einem Ende zum andern gewaltig und richtete alle Dinge wohl aus. Wenn er jetzt meinte, eine schöne Jungfrau zu haben, fand er plötzlich einen stolzen Jüngling. Bisweilen gebärdete sie sich als eine weise Meisterin, bisweilen hielt sie sich wie eine stattliche Geliebte. Sie beugte sich liebreich zu ihm und grüßte ihn gar lächelnd und sprach gütig zu ihm: »*Praebe, fili, cor tuum mihi!* Gib mir dein Herz, mein Kind!« (Spr 23,26) Er fiel ihr zu Füßen und dankte ihr herzlich aus demütigem Grunde. – Soviel ward ihm damals zuteil und diesmal sollte ihm nicht mehr werden.[132]

Trotz dieser beeindruckenden und prächtigen Frau Weisheit weiß auch Heinrich Seuse wie alle Mystikerinnen und Mystiker, dass er sich nicht an den »äußerlichen« Zügen dieser Gestalt orientieren darf, wenn er sich auf die Gegenwart Gottes in seinem Herzen ausrichten will. Gott, auch in der »Funktion« des inneren Meisters, entzieht sich letztlich allen Formen und Bildern. Sie können ihn nicht halten oder wiedergeben. An ihnen festzuhalten und Gott auf bestimmte Bilder festzulegen wird von den Mystikern im Hinblick auf die Vereinigung mit Gott sogar als Hindernis erlebt. Es ist der innere Meister selbst, der die Entwicklung in jene Bereiche vorantreibt, die weder verstandesmäßig noch bildhaft nachvollzogen werden können. Und es gehört zum großen Geschick des äußeren Meisters bzw. der spirituell suchenden Person, genau wahrzunehmen, wann und in welchem Ausmaß die Sprach- und Bilderwelt aktiv entzogen werden muss oder ob und in welchem Ausmaß dieser Entzug ganz der inneren Führung überlassen werden soll.

Es ist kein Widerspruch, wenn sich in den Texten der Mystiker für die liebevolle innere Präsenz Gottes sowohl personale Aussagen bzw. Metaphern als auch nichtpersonale finden. Es scheint, dass sich der Mensch auf seinem spirituellen Weg möglichst lange an seinem sinnenhaften, personenzentrierten Erleben orientiert – davon lebt ja auch die Sprache –, und erst notgedrungen davon ablässt, ja diesen Sprachentzug als dunkle Nacht erlebt. Was dann noch bleibt, ist eine oft paradoxe Sprache. So beschreibt etwa Elsbeth Stagel in ihrer Seuse-Vita die Unbeschreibbarkeit der Gotteserfahrung:

> Da sah er und hörte, was allen Zungen unaussprechlich ist: Es war formlos und artlos und hatte doch aller Formen und Arten freudenreiche Lust in sich. Sein Herz war gierig und doch gesättigt, sein Sinn war lustig und wohlgestimmt, sein Wünschen hatte sich gelegt und sein Begehren war vergangen. Er starrte nur in den glanzreichen Widerglast, in dem er seiner selbst und aller Dinge Vergessen gewann. War es Tag oder Nacht – er wusste es nicht. Es war vom ewigen Leben eine ausströmende Süßigkeit in gegenwärtiger stillstehender ruhiger Empfindung.[133]

Das Sonett *Wie Gott in der Heiligen Seele* von Angelus Silesius setzt mit einem nichtpersonalen Bild ein, fügt personale Bilder an und kehrt am Ende der zweiten Strophe zu den nichtpersonalen Bildern zurück. Neben dieser bildhaften Fülle – eine Fülle, die auch zur Beliebigkeit tendiert – betont Angelus Silesius in vielen seiner kurzen Gedichte, wie sehr der Mensch auf allen sprachlichen Ausdruck und damit auf alles Verstehen verzichten muss, wenn Gott in seinem Leben aktiv wird:

> **Mit Schweigen höret man**
>
> Das Wort schallt mehr in dir als in des andern Munde;
> So du ihm schweigen kannst, so hörst du es zur Stunde.
>
> **Wenn man Gott reden hört**
>
> Wenn du an Gott gedenkst, so hörst du Ihn in dir;
> Schwiegst du und wärest still, Er redte für und für.
>
> **Göttliche Beschauung**
>
> Das überlichte Licht schaut man in diesem Leben
> Nicht besser, als wann man ins Dunkle sich begeben.[134]

Der Weise suchet nichts

Der Weise suchet nichts, er hat den stillsten Orden.
Warum? er ist in Gott schon alles selber worden.[135]

Man weiß nicht, was man ist

Ich weiß nicht, was ich bin, ich bin nicht, was ich weiß,
Ein Ding und nicht ein Ding, ein Tüpfchen und ein Kreis.[136]

Es hängt mit den Veranlagungen der einzelnen Menschen zusammen, wie ausgeprägt und wie lange die Begriffe und Bilder auf dem inneren Weg Bedeutung besitzen. Visuell talentierte und visionär veranlagte Menschen werden noch von Bildern erfüllt oder sogar berauscht sein, wenn sie die Bildlosigkeit Gottes wahrnehmen. Auditiv ausgerichtete Personen wiederum werden den stimmlichen Kontakt behalten oder zumindest für ihn offen bleiben, wenn sie bereits im Schweigeraum Gottes angekommen sind. Und Menschen, die durch das Ringen um gedankliche Präzision gekennzeichnet sind, werden immer bemüht sein, im Nachhinein sprachlich zu erfassen, was sie erlebt haben. Visuell veranlagt ist für mich etwa Hildegard von Bingen (12. Jahrhundert); ihre Schau von der »wahren Dreiheit in der wahren Einheit« im Buch *Scivias* (Rupertsberger Kodex) ist für mich ein Bild des inneren Meisters: »Ich, Hildegard, schaute: ein überaus helles Licht und darin eine saphirblaue Menschengestalt, die durch und durch in funkelndem Feuer brannte. Das Licht durchflutet das Feuer, und beide durchdringen die Menschengestalt: alle drei ein einziges Licht in derselben Stärke und Leuchtkraft.«[137] Visuell veranlagt ist für mich ebenfalls Nikolaus von Flüe. Immer wieder hat er durch Visionen die entscheidenden Impulse für sein Leben bekommen; im eigentlichen Sinn mit der inneren Führung haben meines Erachtens seine Vision der drei Besucher und seine Brunnenvision zu tun.[138]

Doch ungeachtet aller Talente und Fähigkeiten, Begabungen und Vorlieben: Die Entfaltung des inneren Meisters führt zu einer Verminderung der Eigenaktivität des Men-

94

schen, ja setzt diese Verminderung in einem bestimmten Sinn voraus. In einer Weihnachtspredigt spricht Johannes Tauler von der Geburt Gottes im Herzen des Menschen und reflektiert über die Voraussetzungen dieser Geburt:

> Denn soll da ein Ausgang, ja ein Übergang aus sich selbst und über sich stattfinden, so müssen wir alle Eigenschaft des Wollens und Begehrens und Wirkens verleugnen, es soll da ein bloßes, lauteres Gott-im-Sinne-haben zurückbleiben und vom Seinigen nichts Eigenes, in irgendeiner Weise etwas zu sein oder zu werden oder zu gewinnen, sondern allein ihm zu sein und ihm auf das Höchste und Naheste Raum zu geben, damit er sein Werk und seine Geburt in dir gewinnen kann und von dir nicht daran gehindert werde. Denn wenn zwei eins werden sollen, so muß sich das eine leidend und das andere wirkend verhalten: soll mein Auge die Bilder an der Wand, oder was es sehen soll, empfangen, so muß es an sich selbst von allen Bildern frei sein, denn hätte es ein einziges Bild von irgendwelcher Farbe in sich, so sähe es niemals eine Farbe; oder hat das Ohr einen Ton in sich, so hört es nimmer einen Ton; welches Ding also empfangen soll, das muß bloß, ledig und leer sein. [...]

> Und darum sollst du schweigen: dann kann das Wort von dieser Geburt in dich hineinsprechen und in dir gehört werden; aber sicher: willst du sprechen, so muß er schweigen. Mann kann dem Worte nicht besser dienen als mit Schweigen und mit Lauschen. Gehst du nun gänzlich aus, so geht er ohne allen Zweifel gänzlich ein: soviel aus, soviel ein, weder weniger noch mehr.[139]

Mich persönlich fasziniert, dass sich heute Lyrikerinnen und Lyriker in ihren Gedichten wieder an die poetische Gestaltung mystischer Erfahrungen heranwagen und sich dabei ihre Ausdrucksmittel durch die Erfahrung selbst geben lassen. Ihre Sprache wird dadurch bildhaft, verknappt, widersprüchlich, schweigsam. Im Nichtausgesprochenen schwingt ebenso viel mit wie im Ausgesprochenen. Ich möchte drei Beispiele von südamerikanischen Autoren anführen und mit ihnen die kurze Auswahl der mystischen Texte abrunden.

> Noch erkennst du mich nicht
> im Zwielicht der Erde,
> aber du träumst schweigend und ahnst

wie ein Ring den Himmel.
Dein Traum geht in meinen Traum über,
und alles ist offenbar.[140]

Das Gedicht stammt vom chilenischen Autor Alberto Baeza Flores. In unserem Zusammenhang gelesen, fallen die Tätigkeitswörter auf: noch nicht erkennen – träumen – schweigen – ahnen. Es handelt sich um Tätigkeiten des Menschen, die nahtlos in andere »Vorgänge« übergehen, in Vorgänge, die im Unbewussten spielen, die sich ohne den aktiven Willen des Menschen vollziehen und in die der Mensch aufgenommen wird. Der Lebensbereich des Menschen wird durch das »Zwielicht« charakterisiert, durch ein Dunkel, das die Orientierung erschwert. Die Klarheit (»offenbar«) stellt sich im Unbewussten ein, in der Sphäre des Traums, über die der Mensch bewusst nicht verfügen kann; zudem hebt der Autor hervor, dass es nicht der Traum des Menschen selbst ist, der die Klarheit schafft, sondern der Traum …, ja der Traum wessen? Ich erlaube mir, das Gedicht als ein Gespräch zwischen Gott, dem inneren Meister, und dem Menschen zu lesen: Wenn der Traum des Menschen im Traum Gottes aufgeht, ist »alles offenbar«. Der Anfang und das Ende des Gedichtes bilden zwei Pole: »noch nicht erkennen« und »alles ist offenbar«. Das Gedicht wird in dieser Lesart zur Beschreibung des spirituellen Weges, vor allem jener Wegstrecke, in der die eigene Gestaltung des Weges der inneren Führung Platz machen muss.

Ein Lyriker, den ich in vielen seiner Gedichte spirituell lesen kann, ist der argentinische Autor Roberto Juarroz. Was seine Sprache von der Sprache der Mystiker unterscheidet, ist ihre Bedrohlichkeit. Entlang seiner Gedichte kann ich, im Gegensatz zu den »alten« und vielleicht zu bekannten Texten der Mystiker, wieder nachvollziehen, wie gefährlich und lebensverändernd es sein kann, sich auf die innere Führung einzulassen und in ihrem Sog die vertraute Sprache und mit ihr die vertraute Realität aufzugeben.

Wie ein Meteor
die Unendlichkeit der Götter durchqueren
und in die anderen Unendlichkeiten vordringen,
die nackten Unendlichkeiten,
dort, wo die Rosen
blühn ohn warum
und ein Flügel auch zum Denken dient.

Wir können nur dort etwas erreichen,
wo es nicht ist.

Wir können nur da etwas erreichen,
wo nichts ist.[141]

Zeitweise möchtest du
auf der Welt allein sein.
Sogar ich störe dich.
Sogar du störst dich.

Alleinsein reicht nicht.
Man muß noch weiter gehen:
einsamer sein als man selbst.

Nicht allein sein: einsam sein.
Vereinsamt, sogar vom Sein.
Vereinsamt, bis hin zum Nichtsein.[142]

Die Kraft der inneren Führung erlebe ich selbst am stärksten in der Meditation und im meditativ gestalteten Rückblick auf einzelne Lebensabschnitte. Deshalb ist es mir ein Anliegen, in diesem Kapitel nicht nur auf die Erfahrungen anderer hinzuweisen, sondern auch zur Erfahrung anzuregen, und zwar in der mir vertrauten Form der Meditation[143]. Meine Impulse sind geprägt von der christlichen Tradition; ich versuche, sie so offen zu formulieren, dass auch Menschen, die sich mit der christlichen Tradition nicht verbunden fühlen, Hilfen für ihren eigenen Meditationsweg finden.

Die Meditation – jede Meditationsübung – ist ein umfassendes Geschehen: Methodische Schritte, die eingeübt und perfektioniert werden können, spielen eine Rolle, aber auch die Offenheit und Gelassenheit, dass uns die entscheidende Erfahrung geschenkt wird. Die Meditation kann sich auf ganz verschiedenen Ebenen abspielen: Sie kann daherkommen wie eine Sensibilisierungsübung oder eine Entspannung, sie wirkt wie mentales Training, sie legt den Akzent auf gelenkte diskursive Gedankenabläufe oder verweilt bei einem inneren Bild, sie legt das Fundament für neue Verhaltensweisen, oder aber: Sie will nichts anderes mehr sein als offener Raum für Gottes Gegenwart. Die Übungsimpulse, die ich in diesem Teil des Kapitels zusammengestellt habe, nützen diese verschiedenen Ebenen bewusst aus.

Ausgangslage jeder Meditationsübung ist die Bewusstheit für den eigenen Körper und über den Körper für die eigene Person. Ich empfehle Ihnen für die Meditation eine Sitzhaltung, in der Sie Disziplin und Entspannung so gut verbinden können, dass Sie längere Zeit (zwanzig bis dreißig Minuten) bewegungslos mit aufgerichtetem Rücken sitzen können. Eine solche Sitzhaltung gelingt leichter, wenn Sie Ihr Becken gut aufrichten, sodass Sie im Kreuzbereich nicht zu viel Kraft zu investieren brauchen. Vielleicht kennen und praktizieren Sie bereits eine der Sitzhaltungen auf dem Boden, den ganzen oder halben Lotussitz oder den Fersensitz, wobei die richtige Haltung des Beckens durch ein Kissen oder Bänkchen unterstützt wird. Sie können aber auch auf einem Stuhl meditieren. Achten Sie darauf, dass die Sitzfläche nach hinten leicht ansteigt – mit Hilfe einer zusammengefalteten Decke oder eines Kissens lässt sich das leicht bewerkstelligen. Verzichten Sie auf die Rückenlehne. Halten Sie sich wenn möglich mit eigener Kraft aufrecht.

Für noch wichtiger als die äußere Form der Sitzhaltung erachte ich die innere Verbundenheit mit dem Körper, die Bewusstheit. Ich mache gute Erfahrungen damit, dass ich mir zu Beginn jeder Meditationsübung den Körper vergegenwärtige, ihn wahrnehme, mich in ihn hineinlebe, in ihm aufgehe. Normalerweise beginne ich bei den Händen und wandere mit meiner Aufmerksamkeit durch den ganzen Körper: von den Händen zu den Armen und Schultern, von den Füßen zu den Beinen und hinauf in den Beckenbereich, vom Kreuz über den ganzen Rücken zum

Nacken, über die Kopfhaut zum Gesicht und schließlich zur Vorderseite des Rumpfs: Brust, Bauch und Unterbauch.

Während einer Meditationsübung sollte der Atem nicht beeinflusst werden, er sollte möglichst natürlich und ungehemmt fließen, unabhängig davon, ob er tief oder flach fließt. Auch bei der Atmung ist wesentlich, dass mir diese Bewegung bewusst wird, dass sie – obwohl sie mich nicht »braucht« – sich nicht ohne mich, das heißt nicht ohne meine bewusste Wahrnehmung, abspielt. Ich habe die Angewohnheit entwickelt, vorerst im Bereich der Haut, an der Körpergrenze, die Bewegung der Atmung wahrzunehmen, zum Beispiel auf der Höhe des Bauches oder auf der Höhe der Brust. Im Laufe der Beobachtung wandere ich mit meiner Wahrnehmung immer mehr ins Innere des Körpers: Auch im Innern achte ich auf die Auswirkungen der Atmung, die ganz feinen Bewegungen und Reflexe, die durch die Atembewegung im Rumpf ausgelöst werden.

Ein weiterer wichtiger Schritt, den ich bei keiner Meditationsübung auslasse, besteht darin, dass ich den Körperraum betrachte und wahrzunehmen versuche, welche unterschiedlichen Empfindungen, Gefühle und Stimmungen sich in den einzelnen Bereichen des Körpers melden. Diese Meldungen können ganz kurz, blitzartig sein, sie können aber auch als Stimmungen dauern und eine Region des Körpers besetzen und prägen. Es gibt eine Meditationsform, die diesen Schritt zur eigentlichen Übung erklärt hat: ein nicht wertendes, absichtsloses Wahrnehmen aller Empfindungen, Gefühle und Stimmungen, die sich einstellen. Ich selbst vollziehe diesen Schritt meistens in einer bestimmten Absicht, nämlich um herauszuspüren, in welchem körperlichen Bereich sich die Empfindung der Stille, des Schweigens, der Harmonie vorbereitet, zum Gefühl wird und schließlich als Stimmung tonangebend wird. Mit meiner Aufmerksamkeit unterstütze ich den entsprechenden Körperbereich, damit sich die Stimmung einer ausgeglichenen, wachen Stille von diesem Bereich auf den ganzen Körper, d. h. in mir als ganzer Person, ausdehnt.

In meinen Kursen bezeichne ich diese drei Schritte – das bewusste Sitzen, das bewusste Atmen und der bewusste Aufbau einer körperbezogenen Stille – als die Grundschritte der Meditation.[144] Sie können eine eigene Übung wert sein, sie können aber auch auf weitere Schritte der Meditation einstimmen. Ich möchte Sie bitten, bei den folgenden Übungen immer mit diesen Schritten einzusteigen, auch wenn ich sie nicht jedes Mal ausführlich beschreibe.

Es folgen nun achtzehn Meditationsübungen; je drei Übungen gehören zusammen. Sie können diese Impulse selbstverständlich lesen, wie Sie die anderen Teile dieses Buches lesen. Gedacht sind sie allerdings als Impuls zur Praxis.

Jede Übung braucht eine Vorbereitungszeit von etwa zehn bis fünfzehn Minuten; diese Vorbereitung kann direkt vor der eigentlichen Meditationsübung liegen oder aber zu einem früheren Zeitpunkt vorweggenommen werden. Zur Vorbereitung gehört die genaue Lektüre des konkreten Übungsimpulses, am besten prägen Sie sich ihn ein. Zur Vorbereitung gehört auch die Gestaltung des Meditationsraumes bzw. der Meditationsecke, in die Sie sich in einem Raum zurückziehen, oder die Gestaltung eines Meditationsplatzes draußen im Freien. Meditieren Sie an einem Ort, an dem Sie möglichst ungestört sind: Weder Personen noch aufdringliche Geräusche sollten Sie ablenken. Auch Musik lenkt ab.

Die Meditation selbst sollte zwanzig bis dreißig Minuten dauern. Lassen Sie den Impuls, den Sie sich eingeprägt haben, zu einem Geschehen werden. Steuern Sie den Ablauf der Meditation im Sinne des Impulses, und lassen Sie sich nicht vom vorgegebenen Impuls abbringen, außer wenn Sie merken, dass der Impuls bei Ihnen zu einer ganz anderen, aber entscheidenden Übung werden will. Zu Beginn ist es oft schwierig, die richtige Balance zu finden zwischen der Aufgabe, die man sich in einer Meditationsübung stellt, und der Offenheit, in der sich die Übung entfalten sollte.

Gerade im Hinblick auf diese Ausgewogenheit ist es wichtig, sich auch nach der Meditation noch Zeit zu neh-

men, die Übung zu reflektieren. Auf eine Meditationsübung zurückzuschauen darf nie bedeuten, sie zu bewerten; es geht vielmehr darum, jene prägenden Mechanismen (Vorlieben, aber auch Ängste), die sich während der
Meditation – ähnlich wie im alltäglichen Leben – immer
wieder einstellen, zu erkennen, sie aufzulösen und immer
freier, offener, unverstellter zu meditieren.

Die Praxis zeigt, dass bestimmte Übungen erst bei mehrfacher Wiederholung zu greifen beginnen; lassen Sie sich
deshalb Zeit. Über die innere Führung nicht nur zu lesen,
sondern sich in Form einer bewussten Meditationspraxis
auf sie einzulassen, darf Monate, ja Jahre in Anspruch nehmen.

Übung 1 Im Raum des Körpers

Die erste Meditationsübung ist dem ersten Grundschritt gewidmet: der bewussten Wahrnehmung des Körpers. Dahinter steht die Erfahrung, dass sich innerliche, auch mystische Erfahrungen nur dann prägend mitteilen, wenn die
seelische Erfahrung auch zu einer körperlichen wird, wohl
besser gesagt: Wenn der ganze Mensch zum Gefäß des Erlebens wird.

Vorbereitung:

Als Vorbereitung – aber auch als eigenständige Übung unabhängig von dieser Meditationsübung – kann hilfreich
sein, wenn Sie sich Ihre ganz persönliche Geschichte mit
Ihrem Körper vor Augen führen:

• Welche Teile Ihres Körpers mögen Sie?
• Welche nicht?
• Welche Körperteile blenden Sie aus?
• Auf welche Erlebnisse führen Sie diese Zuwendung bzw.
  Abneigung zurück?

Falls Sie sich eingestehen müssen, dass nicht mehr Sie über Ihren Bezug zu Ihrem Körper bestimmen, sondern in diesem Bezug bestimmt werden, weil konkrete Erlebnisse überstark waren, kann es auch sinnvoll sein, Ihre Geschichte mit Ihrem Körper in Form einer Therapie aufzuarbeiten.

Impuls:
1. Vollziehen Sie langsam die drei Grundschritte. Lassen Sie sich Ihren Körper und die Atembewegung bewusst werden. Entdecken Sie dann jenen Körperbereich, der bereits die Stille, den Frieden, die Harmonie kennt, und unterstützen Sie ihn, damit diese Empfindung in Ihnen Raum bekommt.
2. Kehren Sie zum ersten Grundschritt zurück. Und wandern Sie immer wieder durch den Körper.
3. Achten Sie darauf, dass sich in Ihrer Wahrnehmung des Körpers immer stärker ein räumliches Empfinden einstellt: Sie schauen nicht von außen auf eine »Körperfläche«, sondern befinden sich im Innern des Körperraums.

Nacharbeit:
Vielleicht zeichnen Sie auf oder halten Sie mit Worten fest, bei welchen Körperbereichen sich das räumliche Empfinden schnell, bei welchen nur langsam einstellt.

Können Sie sich diese Unterschiede erklären?

Übung 2　Im Fluss der Atmung

Sie erinnern sich: In der Geschichte der christlichen Mystiker war ganz kurz von den Hesychasten und ihren Atemtechniken die Rede. Für diese griechisch sprechenden Menschen stand dasselbe Wort für Atemluft, Geist und Seele. Doch unabhängig von solchen sprachlichen Vorgaben: Die Atembewegung als Lebensbewegung war für die

Menschen schon immer ein faszinierender Vorgang: Ein unsichtbarer »Stoff«, der uns zufließt, der sich uns aber auch wieder entzieht, ein »Stoff«, der materiell nicht zu fassen ist, hält uns am Leben.

Vorbereitung:
Genießen Sie in einer entspannten Haltung, im Sitzen oder Liegen, Ihren Atem. Versuchen Sie ein Gefühl für den natürlichen Rhythmus Ihres Atems zu entwickeln, damit Sie in der Meditation nicht in die Gefahr geraten, den Atem zu beeinflussen.

Impuls:
1. Vollziehen Sie langsam die drei Grundschritte. Lassen Sie sich Ihren Körper und die Atembewegung bewusst werden. Entdecken Sie dann jenen Körperbereich, der bereits die Stille, den Frieden, die Harmonie kennt, und unterstützen Sie ihn, damit diese Empfindung in Ihnen Raum bekommt.
2. Kehren Sie zum zweiten Grundschritt zurück. Schwingen Sie innerlich, mit Ihrer Aufmerksamkeit, im Atemrhythmus mit.
3. Lassen Sie sich, körperlich und seelisch, immer mehr zum Raum werden, in dem diese Bewegung sich entfalten und zum Leben werden kann.

Nacharbeit:
Gehen Sie Ihren Atemerfahrungen nach: Liegt Ihnen das Einatmen mehr oder das Ausatmen?
Können Sie sich diesen Unterschied erklären?

ÜBUNG 3 **Offenes Schweigen**

Die Wortlosigkeit ist so vielfältig wie die Sprache. Unser Schweigen kann ganz unterschiedlich klingen: wie Verbitterung, Resignation, Protest, aber auch wie Zufriedenheit,

Glück, Einverständnis. Das Schweigen der Meditation sollte immer stärker den Charakter der Offenheit und des Einverständnisses bekommen. Andernfalls sind wir in Gefahr, während der Meditation abgestumpft, unterkühlt und verschlossen zu werden.

Vorbereitung:
Machen Sie sich klar, welche Formen des Schweigens Sie beherrschen und welche Formen des Schweigens Ihnen nicht vertraut sind. Dies hängt mit den Prägungen zusammen, die Sie in Ihrer Kindheit und Jugend erlebt haben. Die Formen, die Sie beherrschen, stellen sich bei der Meditation fast automatisch ein.

Sind diese Formen für die Meditation günstig, oder müssen Sie sich grundsätzlich um ein neues Verständnis des Schweigens bemühen?

Impuls:
1. Vollziehen Sie langsam die drei Grundschritte. Lassen Sie sich Ihren Körper und die Atembewegung bewusst werden. Entdecken Sie dann jenen Körperbereich, der bereits die Stille, den Frieden, die Harmonie kennt, und unterstützen Sie ihn, damit diese Empfindung in Ihnen Raum bekommt.
2. Bleiben Sie beim dritten Grundschritt. Fördern Sie die Ausbreitung der Stille in Ihnen und um Sie herum, indem Sie sie unterstützen und zulassen.
3. Lassen Sie die Stille, die Sie körperlich vorgefunden haben, zu einem bewussten Schweigen Ihrer Person werden; lassen Sie sich von der Stille bis zu innerst anstecken. Achten Sie darauf, dass Sie im Schweigen sich nicht verschließen, sondern offen bleiben. Es ist ein Schweigen, das wahrnimmt und mit dem, was es wahrnimmt, mitschwingt, ohne dass das Wahrgenommene mit Ihrer Person zu einer Geschichte verknüpft wird.

Nacharbeit:
Führen Sie sich Ihren Alltag vor Augen, um in ihm Momente zu finden, in denen Sie, unabhängig von der Meditationspraxis, der Stille und dem bewussten Schweigen mehr Raum geben können.

ÜBUNG 4 **Der Herzraum**

Die christliche Meditationspraxis geht davon aus, dass vor allem im Herzraum – gemeint ist nicht das körperliche Herz, sondern die Mitte des Brustraums – die Sensibilität für die innere Führung wachsen kann. Deshalb pflegt sie die Konzentration auf diesen Raum.

Bei mehreren spirituellen Traditionen ist diese Konzentration leider mit dem Respekt bzw. mit der Angst vor dem verbunden, was in den »unteren« Bereichen des Körpers »geschieht« …

Vorbereitung:
Bevor Sie meditieren, lassen Sie sich bitte bewusst werden, welchen Körperbereich Sie bisher als Ihre Mitte wahrgenommen haben. Stimmt es von dieser Erfahrung her, wenn Sie sich nun auf den Herzraum einlassen, oder müssten Sie dieselbe Übung eher mit einem anderen Körperbereich vollziehen?

Impuls:
1. Vollziehen Sie langsam die drei Grundschritte.
2. Widmen Sie sich dann dem Herzraum, der Mitte Ihres Brustraums. Achten Sie darauf, dass sich wirklich ein räumliches Empfinden einstellt. Verweilen Sie in diesem Raum – Sie brauchen sich ihn nicht anatomisch auszumalen, vergegenwärtigen Sie sich ihn eher als einen weiten, unverstellten Raum. Vielleicht gelingt es Ihnen auch, den Raum nach vorne, nach hinten, zur Seite zu entgrenzen, ohne dass Sie die Sammlung auf die Mitte verlieren.

3. Verknüpfen Sie den Herzraum mit der Erde, indem Sie vom Herzraum absteigen bis in den Beckenraum oder, je nach Sitzhaltung, in den Raum der Beine und Füße. Verknüpfen Sie den Herzraum mit dem Himmel, indem Sie vom Herzraum aufsteigen bis in den Kopfraum und seine oberste Stelle, den Scheitel. Kehren Sie von beiden Endpunkten immer wieder in den Herzraum zurück.

Nacharbeit:
Versuchen Sie festzuhalten, welche Gefühle, welche Gestimmtheit diese Übung in Ihnen ausgelöst hat.

Übung 5 **Der einladende Raum**

Die Imagination, die Sammlung auf bewusst ausgewählte Bilder, kann starke innere Prozesse auslösen.

Der Prozess, um den es hier geht, wurde in der Tradition normalerweise durch ethische, moralische Forderungen in Gang gesetzt: Der Mensch hat sich durch ein ethisch einwandfreies Leben auf die Begegnung mit Gott in seinem Herzen vorzubereiten. Ethische Forderungen und moralischer Druck gehören aber nicht in eine Meditationspraxis, auch nicht in der Form von Lebensrezepten. Denn im Rahmen der Meditation führen sie höchstens zu einer Verstärkung des inneren Drucks, im schlimmeren Fall zu einer Gehirnwäsche. Der Einsatz von Bildern ist spielerischer und wirkt tiefer.

Methodisch ist wichtig, dass Sie zu Beginn die Bilder einsetzen, die Sie selber ausgewählt haben, dann aber auch zulassen, dass sich diese Bilder verändern bzw. in andere Bilder übergehen.

Vorbereitung:
Nehmen Sie sich Zeit für »Innenarchitektur«. Stellen Sie sich in Worten oder zeichnerisch zusammen, was für Sie einen Raum einladend, wohnlich, gastfreundlich macht.

Impuls:

1. Vollziehen Sie langsam die drei Grundschritte.
2. Widmen Sie sich dann dem Herzraum, der Mitte Ihres Brustraums. Achten Sie darauf, dass sich wirklich ein räumliches Empfinden einstellt. Verweilen Sie in diesem Raum – Sie brauchen sich ihn nicht anatomisch auszumalen, vergegenwärtigen Sie sich ihn eher als einen weiten, unverstellten Raum.
3. Gestalten Sie diesen Innenraum so, dass er einladend, wohnlich, gastfreundlich wird: Es wird der Raum sein, in dem Ihr innerer Meister sich aufhält. Setzen Sie alle jene Elemente ein, von denen Sie annehmen, dass Sie dem Raum gut tun.

Nacharbeit:

Sie leben in vielen Außenräumen; zum Teil können Sie selber über die Gestaltung dieser Räume verfügen, zum Teil gemeinsam mit anderen, zum Teil haben Sie aber auch keinen Einfluss auf die Gestaltung der Räume. Welche Räume würden Sie schon lange gern verändern und auf welche Art? Haben diese Veränderungswünsche auch eine Verbindung zur Gestaltung des Herzraums?

Übung 6 **Der sakrale Raum**

Für die Beschreibung des Herzraums als Raum der göttlichen Gegenwart haben die Mystiker und Mystikerinnen oft die sakralen Räume herangezogen, die sie selber in ihrer Zeit und Kultur kannten: Tempel, Kirchen, Kapellen, Höhlen. Gelegentlich waren es schlichte Bauwerke, meistens aber architektonisch und künstlerisch ausgestaltete Bauten, die sie sich zum Vorbild nahmen: Ebenso prunkvoll sollte Gott in ihrem Herzen wohnen.

Vorbereitung:

Vergegenwärtigen Sie sich aus Ihrer Erinnerung sakrale

107

Bauten, die Sie angesprochen und berührt haben. Wählen Sie jenes Bauwerk aus, das Ihnen jetzt am nächsten ist. Welche Proportionen, welche Einzelheiten, welche Stimmung sind Ihnen im Gedächtnis geblieben? Was machte bzw. macht dieses Bauwerk für Sie zu einem sakralen Bau?

Falls Sie zu jenen Menschen gehören, die Mühe haben, einen Bau überhaupt als sakral zu erleben, und die entsprechende Stimmung eher in einer bestimmten Art Landschaft erleben, vollziehen Sie die Vorbereitung und die Übung mit einer Ihnen wichtigen Landschaft.

Impuls:
1. Vollziehen Sie langsam die drei Grundschritte.
2. Widmen Sie sich dann dem Herzraum, der Mitte Ihres Brustraums. Achten Sie darauf, dass sich wirklich ein räumliches Empfinden einstellt. Verweilen Sie in diesem Raum.
3. Lassen Sie in Ihrem Herzraum den sakralen Raum entstehen, den Sie sich in der Vorbereitung vergegenwärtigt und ausgewählt haben. Bleiben Sie offen dafür, dass sich dieser imaginierte Raum in Ihrem Herzraum auch verändern kann.

Nacharbeit:
Suchen Sie bei Gelegenheit Kirchen und Kapellen auf, die Sie schon kennen, aber auch solche, die Ihnen nicht vertraut sind. Versuchen Sie darauf zu achten, was sie in Ihrem Herzraum auslösen.

Versuchen Sie – bei Gelegenheit – dasselbe mit sakralen Bauten anderer Religionen.

ÜBUNG 7 **Das Profil des Meisters**

Die Lektüre der vorangegangenen Kapitel hat Ihnen klar gemacht, dass alle Fixierungen der göttlichen Aktivität, sei es durch Begriffe, sei es durch Bilder, als Ausdruck hinter der Erfahrung zurückbleiben und als fixes Programm die Erfahrung sogar verhindern können. Trotzdem macht es im Rahmen eines spirituellen Übungsweges Sinn, sich auf Worte, Vorstellungen und Bilder einzulassen. Nur so werden die inneren Sinne wach, nur so gehen wir im Wort- und Bildlosen nicht vorschnell verloren. Das Gedicht von Roberto Juarroz thematisiert den Mut zu Wort und Bild im Wissen darum, dass sie vorläufig, vielleicht sogar trügerisch sind.

> Von einem Rand, der existiert,
> einer Welt, die nicht existiert,
> ein Wort sagen, das existiert,
> über etwas, das weder existiert noch nicht existiert.
>
> Vielleicht können dieses Wort und dieser Rand
> die Welt erschaffen,
> die sie halten sollte.[145]

Wählen Sie aus einem der vier Evangelien einen Satz oder eine Geschichte aus. Dieser Satz oder diese Geschichte sollte für Sie Jesus in einer Art und Weise charakterisieren, wie Sie ihn als Meister akzeptieren würden, wären Sie ihm damals begegnet oder wäre jetzt eine innere Begegnung mit ihm möglich.

Wenn Sie sich in der christlichen Tradition nicht zu Hause fühlen, aber eine andere spirituelle Tradition kennen, die Sie anspricht, versuchen Sie dieselbe Übung mit einem Satz oder einer Geschichte, die eine wichtige Gestalt dieser Tradition charakterisiert. Vielleicht sind Ihnen auch bei der Lektüre des Buches Sätze und Geschehnisse aufgefallen, die sich jetzt für das Profil Ihres Meisters eignen.

Vorbereitung:

Schreiben Sie von Hand den Satz oder die Geschichte, die für Sie den Ausgangspunkt der Meditation bildet. Lernen Sie den Satz oder die Geschichte auswendig. Prägen Sie sich, wenn möglich, das Bildhafte des Satzes oder das szenische Geschehen der Geschichte ein.

Impuls:
1. Vollziehen Sie langsam die drei Grundschritte.
2. Vergegenwärtigen Sie sich den Satz oder die Geschichte, indem sie ihn oder sie langsam innerlich sprechen. Sprechen Sie so, als ob Sie jedes Wort verkosten wollten. Versuchen Sie zu sehen, was der Satz oder die Geschichte beinhaltet.
3. Lassen Sie aus den Worten innerlich jene Gestalt entstehen, die diesem Satz oder dieser Geschichte entspricht. Versuchen Sie sie zu sehen und sie sich gegenwärtig zu halten.

Nacharbeit:
Suchen Sie nach weiteren Sätzen, die das Profil des Meisters so, wie es sich abzuzeichnen beginnt, abrunden.

Übung 8   **Das Antlitz des Meisters**

Noch schwieriger als bei Worten ist es bei Bildern; nicht ohne Grund kennen mehrere Religionen das Bildverbot. Bei den meisten Strömungen der christlichen Tradition gehört die Bildsprache allerdings zu den selbstverständlichen Ausdrucks- und Verkündigungsmitteln.

Mir ist die Meditation von Ikonen, Gemälden und Statuen zur Sensibilisierung für das Antlitz des inneren Meisters bekannt. Wenn das meditierte Bild Anregung bleibt und nicht zur aufgezwungenen Pflichtübung wird, entsteht während der Meditation eine Ahnung des eigentlichen Antlitzes; es wird zum Rahmen, in dem sich die Züge des inneren Meisters herausbilden. Ich selber habe lange das Meditationsbild des Nikolaus von Flüe meditiert, und zwar im Wechsel: das einfache Radbild und das ausgestaltete Gemälde mit den sechs Medaillons.[146] In diesem Wechsel fiel das gekrönte Antlitz mitten in den Lichtstrahlen immer wieder in eins mit der Nabe des Radbilds, von der Nikolaus von Flüe sagte, sie bedeute die ungeteilte Gottheit, von der alles ausgeht und zu der alles wieder zurückkehrt, Gott, wie wir ihn nie verstehen können. Von andern weiß ich, dass sie jahrelang eine bestimmte Ikone meditierten, das Antlitz einer Erlöserikone oder Andrej Rubljovs berühmte Dreifaltigkeitsdarstellung oder auch eine erzählende Ikone (Weihnachten, Verklärung, Abstieg in die Unterwelt). Auch Bilder zeitgenössischer Künstler und Künstlerinnen können sich als Einstieg in diese Art von Meditation eignen.[147]

Wählen Sie eine Jesus-Darstellung, der Sie sich in der Meditation widmen möchten. Wenn es ein Ihnen vertrautes Bild ist, umso besser; aber auch ein unvertrautes, befremdendes Bild kann den inneren Prozess auslösen.

Wiederum gilt: Wenn Sie sich in der christlichen Tradition nicht zu Hause fühlen, wählen Sie aus dem Bilderschatz derjenigen Tradition, von der Sie sich angezogen fühlen, ein Antlitz aus, das Sie anspricht.

Vorbereitung:

Setzen Sie sich mit dem Bild auseinander, das Sie für die Meditation benützen: mit seinem Aufbau, mit seiner künstlerischen Botschaft, aber auch mit der Geschichte, die Sie mit diesem Bild haben. Ziel dieser Auseinandersetzung ist es, dass Sie während der Meditation von möglichst wenigen Ablenkungen gestört werden. Prägen Sie sich gleichzeitig das Bild ein, lernen sie es auswendig.

Impuls:

1. Vollziehen Sie langsam die drei Grundschritte.
2. Vergegenwärtigen Sie sich das Bild in seinen Einzelheiten, indem Sie es anschauen und bei geschlossenen Augen als inneres Bild rekonstruieren. Verweilen Sie bei diesem inneren Bild.
3. Achten Sie darauf, welche Bildelemente Sie sich leicht vergegenwärtigen können und welche Bildelemente sich einer inneren Vergegenwärtigung entziehen. Versuchen Sie wahrzunehmen, mit welchen Empfindungen sich das Bild in Ihnen verbindet.

Nacharbeit:
Suchen Sie nach weiteren Bildern, die Sie ansprechen und aus denen sich mit der Zeit die Züge des inneren Meisters herausbilden können.

Übung 9 **Das Abba-Gebet**

Das aramäische Wort »Abba« bedeutet Vater, besitzt aber einen ganz eigenen Klang von Vertrautheit und Zärtlichkeit. Mit diesem Wort hat Jesus Gott angesprochen, wenn er gebetet hat. Für die Männer und Frauen im Umkreis von Jesus wurde es zu einem Markenzeichen für das ganz persönliche Verhältnis Jesu zu Gott. Bereits in der ersten christlichen Generation wurde dieses Gebetswort aufgegriffen: zum einen als Ausdruck desselben Vertrauens Gott gegenüber, zum anderen als Bitte an Gott, sich im Leben des Einzelnen auf eine Art und Weise zu offenbaren, die dieser vertrauten Anrede ihre Berechtigung schenkt.[148]

Wenn Ihnen Jesus bisher wichtig war, wird es Ihnen nicht schwer fallen, dieses durch den A-Klang ansprechende und für den Herzraum geeignete Wort in die Meditation miteinzubeziehen. Wenn Sie mit dem Wort klanglich oder inhaltlich Mühe haben, suchen Sie sich eine andere Anrede; sie sollte wie das »Abba« Gott gegenüber Vertrautheit und Zärtlichkeit ausdrücken, sei es im Sinn der Erfahrung, sei es im Sinn der Hoffnung.

Vorbereitung:
Probieren Sie bereits vor der Meditation aus, wie das »Abba« auf sie wirkt, klanglich und inhaltlich, ob sich Assoziationen einstellen, ob diese Anrede für Sie stimmt oder durch eine andere ersetzt werden muss.

Impuls:
1. Vollziehen Sie langsam die drei Grundschritte.
2. Lassen Sie jeweils während des Ausatmens das Abba er-

klingen, wenn Sie wollen: hörbar, oder aber innerlich, unhörbar. Dehnen Sie das Wort, sodass der Klang im Vordergrund steht.

3. Stellen Sie sich vor, dass dieses Wort in Ihnen gebetet wird. Sie stellen nur den Gebetsraum zur Verfügung und lauschen auf das Gebet, das sich in Ihnen vollzieht.

Nacharbeit:

Lesen Sie noch einmal die Textstelle aus dem Römerbrief (Röm 8,15–16), von der bereits die Rede war:

> Ihr müsst euch nicht mehr vor Gott fürchten. Er hat euch seinen Geist gegeben, und das zeigt euch, dass ihr nicht seine Sklaven, sondern seine Kinder seid. Weil sein Geist in uns lebt, sagen wir zu Gott: »Abba! Vater!« Und Gottes Geist bestätigt unserem Geist, dass wir wirklich Gottes Kinder sind.

Achten Sie bei einer Wiederholung der Meditation darauf, dass Sie für diese innere Kommunikation von Geist zu Geist offen bleiben und ihr Raum geben.

Übung 10   Empfindungsraum

Bei dieser und den folgenden beiden Übungen geht es um »die inneren Sinne« – eine Formulierung, die in den spirituellen Traditionen oft anzutreffen ist. Den äußeren (das heißt: normalen) Sinnen wird oft misstraut, weil sie die Aufmerksamkeit des Menschen nach außen ziehen, an die Welt binden und die Begierden nach Besitz und Macht wecken. Die inneren Sinne hingegen sind wach für seelische und göttliche Mitteilungen.

Für mich selber ist heute diese Unterscheidung von äußeren und inneren Sinnen gefährlich, sie rutscht in die Nähe einer »Ideologie«. Die Unterscheidung von Bewusstseinsvorgängen, die die spirituelle Entfaltung fördern, und von solchen, die sie verhindern, muss meines Erachtens nach anderen Kriterien erfolgen.

Vorbereitung:

Stellen Sie sich innerlich darauf ein, dass Sie nun den dritten Grundschritt mit einer anderen Vorgabe üben: dass alle Empfindungen, die sich einstellen, willkommen sind.

Impuls:

1. Vollziehen Sie langsam die drei Grundschritte.
2. Verweilen Sie beim dritten Grundschritt, und nehmen Sie, ohne zu filtern, zu bewerten oder gar auszuschließen, wahr, welche Empfindungen sich einstellen.
3. Versuchen Sie, bei den Empfindungen Grade der Intensität und der Dauer zu unterscheiden. Gibt es Empfindungen, die zu Gefühlen, vielleicht sogar zu Stimmungen werden und dadurch mehr Raum beanspruchen als die oft blitzartig kurzen Empfindungen?

Nacharbeit:

Halten Sie fest, um welche Empfindungen und Gefühle es sich gehandelt hat, falls sich bestimmte Empfindungen und Gefühle mehrfach und über längere Zeit gemeldet haben.

Übung 11   Berührt

Diese Übung verbindet das Spielerische, Unkontrollierte der vorangegangenen Übung mit der Vorstellung, dass der innere Meister im Herzraum gegenwärtig ist und Sie berührt.

Vorbereitung:

Bevor Sie die Übung 11 vollziehen, kann es sinnvoll sein, von den Übungen 4 bis 9 jene zu wiederholen, die Ihnen die Präsenz des inneren Meisters am besten nahegebracht haben.

Lassen Sie sich bewusst werden, an welchen Stellen Ihres Körpers Sie sich von jemandem, der Ihnen wichtig und sympathisch ist, gern berühren lassen. Gibt es an Ihrem

Körper eine Stelle, die für »aufrichtende«, »aufrichtige« Berührungen besonders ansprechbar ist?

Impuls:
1. Vollziehen Sie langsam die drei Grundschritte.
2. Vergegenwärtigen Sie sich die Präsenz des inneren Meisters im Herzraum. Und stellen Sie sich vor, dass der innere Meister Sie berührt, aufrichtet, stärkt. Das kann irgendwo im oder am Körper geschehen.
3. Versuchen Sie, von der »imaginierten«, das heißt: durch Sie selber vorgegebenen, Berührung weiterzugehen zu einer Berührung, die Sie zulassen und die möglicherweise an einer anderen als der erwarteten Stelle zustande kommt.

Nacharbeit:
Meditation hat immer mit unserer Lebensgeschichte zu tun. Vielleicht ist es deshalb in diesem Zusammenhang von Bedeutung, dass Sie Ihrer persönlichen Geschichte der Berührung nachgehen:

- Welche Berührungen sind Ihnen vertraut?
- Welche sind tabuisiert?
- Nach welchen Berührungen sehnen Sie sich?
- Vor welchen fürchten Sie sich?
- Welche Berührung haben Sie dem inneren Meister zugemutet?

ÜBUNG 12   Stimmigkeit

Diese Übung braucht viel Zeit; sie setzt voraus, dass sich jemand durch eine regelmäßige Meditationspraxis schon gut kennengelernt hat.

Vorbereitung:
Zeichnen Sie ein Körperschema, und halten Sie auf die-

ser Zeichnung mit unterschiedlichen Farben fest, welche Empfindungen, Gefühle, Stimmungen sich normalerweise während der Meditation einstellen, wenn Sie unkontrolliert (im Sinne der Übung 10) die Empfindungen kommen lassen.

Impuls:

1. Vollziehen Sie langsam die drei Grundschritte.
2. Verweilen Sie beim dritten Grundschritt, und nehmen Sie, ohne zu filtern, zu bewerten oder gar auszuschließen, wahr, welche Empfindungen sich einstellen, welche Empfindungen für Sie im Moment typisch sind. Achten Sie vor allem auf die Empfindungen im Herzraum.
3. Bleiben Sie wach dafür, ob sich auch untypische Empfindungen einstellen, Empfindungen, die nichts mit Ihnen zu tun haben – soweit Sie dies im Augenblick einschätzen können. Spiegeln sich in diesen Empfindungen frühere Begegnungen mit anderen Menschen? Oder spiegeln sich in diesen Empfindungen Signale, die einer »Eigenaktivität des Herzraums« entstammen könnten?

Nacharbeit:
Beobachten Sie sich auch im alltäglichen Leben: Übernehmen Sie verhältnismäßig leicht die Stimmungen anderer Menschen, oder bleiben Sie bei sich, unabhängig von der jeweiligen Umgebung?

ÜBUNG 13 **Ganz Ohr**

Bei der Übung 3 wurde das Schweigen thematisiert. Das Schweigen gewinnt während der Meditation an Aufmerksamkeit und Wachheit, wenn es ein hörendes Schweigen wird.

Vorbereitung:
Lassen Sie sich durch den Kopf gehen, welche Grade des

Zuhörens Sie kennen: vom wenig interessierten Hören –
»ach, ich kenne, was hier erzählt wird, was soll ich schon
hören …« – bis hin zur totalen Aufmerksamkeit – »was
jetzt erzählt wird, geht mich ganz und gar an, davon will
ich nichts verpassen …« Versuchen Sie wahrzunehmen,
wie nur schon die innere Einstellung Ihr Hören und die
Wachheit des Körpers verändert.

Impuls:
1. Vollziehen Sie langsam die drei Grundschritte.
2. Verweilen Sie beim dritten Grundschritt. Lassen Sie die
   Stille zu einem ganz persönlichen Schweigen werden.
   Schweigen Sie, als ob Sie hören, lauschen würden.
3. Achten Sie darauf, dass es immer stärker ein Hören nach
   innen wird.

Nacharbeit:
Falls Sie während der Meditation »etwas« zu hören beka-
men, dann halten Sie es schriftlich fest, ohne es zu bewerten.

ÜBUNG 14   **Das Wort**

Bei der Übung 7 sind Sie angehalten worden, einen Satz
aus den Evangelien auszuwählen, der Jesus charakterisiert.
Falls Sie einen Satz ausgewählt haben, den der Evangelist
Jesus selber in den Mund gelegt hat, können Sie diesen
Satz wieder in die Übung miteinbeziehen. Falls es mehr ein
beschreibender Satz war, wählen Sie jetzt bitte einen Satz,
der – im Rahmen der Evangelien – von Jesus gesprochen
worden ist, einen Satz den Sie gerne von Jesus direkt gesprochen hören würden.

Vorbereitung:
Halten Sie den Satz schriftlich fest, und prägen Sie sich ihn
ein.

Impuls:
1. Vollziehen Sie langsam die drei Grundschritte.
2. Vertiefen Sie Ihr Schweigen, indem Sie ihm den Charakter des Hörens geben.
3. Sprechen Sie innerlich von Zeit zu Zeit und ganz langsam den Satz, den Sie gewählt haben. Sie sind es, die den Satz sprechen; lassen Sie sich trotzdem immer stärker ins Hören kommen, als ob der Satz Ihnen zugesprochen würde.

Nacharbeit:
Gehen Sie der Frage nach, ob und in welcher Art sich der Satz durch Ihr aufmerksames Hören verändert hat.

ÜBUNG 15   **Offenes Hören**

Auf dem Meditationsweg, den Sie gehen, ist es von entscheidender Bedeutung, dass Sie die eigene Stimme und die Stimme des inneren Meisters immer besser zu unterscheiden verstehen. Meistens genügt uns die eigene Stimme, denn ihr »Programm« entspricht uns; sie bestätigt und bestärkt uns. Alle spirituellen Traditionen kennen deshalb die Überzeugung, dass es von Vorteil ist, alles, was wir innerlich hören, was uns beschäftigt, was uns eingegeben wird, vorerst zu entkräften, sei es dadurch, dass wir es höflich, aber bestimmt zurückweisen, sei es dadurch, dass wir es als unbedeutend loslassen, es an uns vorbeiziehen lassen. Die folgende Übung steht in diesem Zusammenhang.

Vorbereitung:
Sie können wiederum einen biblischen Satz in die Meditation miteinbeziehen oder aber auch ohne Text sich ganz auf das Schweigen und Hören einlassen.

Impuls:
1. Vollziehen Sie langsam die drei Grundschritte.

2. Vertiefen Sie Ihr Schweigen, indem Sie ihm den Charakter des Hörens geben.
3. Wenn Ihr Hören zu einem Ergebnis kommt – d. h. Sie halten sich an einem Wort oder einem Gedanken fest und beginnen, ihn sich anzueignen und auf die eigene Person zu beziehen –, lassen Sie es, sobald es Ihnen bewusst wird, ganz sanft und leicht wieder los. Kehren Sie zurück zum bloßen Hören, zu einem Hören, das offen bleibt.

Nacharbeit:
Halten Sie ganz hartnäckige Sätze schriftlich fest, und lassen Sie dann diese Papiere »verschwinden«: Verbrennen Sie sie, deponieren Sie sie irgendwo, oder vergraben Sie sie.

ÜBUNG 16   **Die Zusage**

Zu Beginn des Kapitels habe ich Sie auf einen Ausschnitt aus den Abschiedsreden im Johannesevangelium hingewiesen. Die letzten drei Übungen kreisen um eine zentrale Aussage dieser Abschiedsreden:

> Wenn mich jemand liebt,
> wird er mein Wort halten;
> und mein Vater wird ihn lieben,
> und wir werden zu ihm kommen
> und bei ihm wohnen.

Falls Sie mit der biblischen Sprache oder mit der christlichen Tradition überhaupt Mühe haben, möchte ich Sie bitten, auf eine andere Tradition zurückzugreifen, die mit ihren eigenen Worten von der Präsenz Gottes im Bewusstsein von uns Menschen spricht. Oder versuchen Sie, Ihre bisherige Erfahrung mit Ihren persönlichen Worten auszudrücken und diese Worte in der Meditation zu benützen.

Vorbereitung:
Lernen Sie die fünf Zeilen auswendig, sodass diese Worte

Ihnen zur Verfügung stehen. Erspüren Sie, welche Zeile Sie am meisten anspricht.

Impuls:
1. Vollziehen Sie langsam die drei Grundschritte.
2. Sprechen Sie langsam, verkostend, Wort für Wort, den Text innerlich nach.
3. Hören Sie den Text: Er wird Ihnen zugesprochen, er darf Sie erfüllen, ausfüllen, bestimmen. Nehmen Sie ihn persönlich.

Nacharbeit:
Lesen Sie bei Gelegenheit den größeren Abschnitt, zu dem die fünf Zeilen gehören: Joh 14,1–26. Wenn Sie in diesem Abschnitt weitere Zusagen finden, die Sie sich einprägen möchten, vollziehen Sie die Übung auch mit diesen Sätzen. Üben Sie jeweils nur mit kleinen Texteinheiten.

ÜBUNG 17   Einverständnis

In dieser Übung vollziehen Sie den Schritt von der »Text«meditation zur Meditation der »Realität«.

Vorbereitung:
Wiederholen Sie dieselben Worte wie bei der Übung 16, außer Sie haben bemerkt, dass sich für Sie eine andere Zusage aus den Abschiedsreden oder ein ganz anderer Text viel besser eignet.

Für den Verlauf der Meditationsübung ist wichtig, dass Sie sich im klaren darüber sind, was »Einverständnis« meint.[149] Wir können mit etwas einverstanden sein, auch wenn wir es gedanklich, psychologisch, theologisch nicht in allem erklären können. »Einverständnis« hat stark mit Vertrauen zu tun.

Impuls:
1. Vollziehen Sie langsam die drei Grundschritte.
2. Sprechen Sie langsam, verkostend, Wort für Wort, den Text innerlich nach. Hören Sie den Text als Ihnen zugesprochen.
3. Versuchen Sie im Hören immer stärker mit dieser Zusage einverstanden zu sein: einverstanden damit, Jesus zu lieben und seinem Wort Raum zu geben – einverstanden damit, dass Gott Sie liebt – einverstanden damit, dass Gott und Jesus Christus sich Ihnen zuwenden – einverstanden damit, dass Gott und Jesus Christus in Ihnen wohnen.

Nacharbeit:
Diese Übung widerspricht möglicherweise Ihrer bisherigen Prägung, auch wenn Sie sich durchaus als Christ oder Christin verstanden haben. Klären Sie Ihren Weg, indem Sie die Akzente aufzeichnen, die bisher Ihren Weg über kürzere oder längere Abschnitte gekennzeichnet haben. Versuchen Sie herauszufinden, ob dieser mystische Akzent wirklich etwas ganz und gar Neues für Sie ist, ob er nicht doch vorbereitet oder angekündigt wurde.

ÜBUNG 18 **Raum für Gottes Liebe**

In der Abschlussübung geht es letztlich darum, sich selber als Raum für Gottes Präsenz zu sehen und sich von dieser Präsenz bestimmen (vgl. die Übung 12) zu lassen.

Vorbereitung:
Wiederholen Sie dieselben Worte wie bei der Übung 16, außer Sie haben bemerkt, dass sich für Sie eine andere Zusage aus den Abschiedsreden oder ein ganz anderer Text viel besser eignet.

Impuls:
1. Vollziehen Sie langsam die drei Grundschritte.
2. Hören Sie auf die Zusage, und wecken Sie Ihr Einverständnis: für Gottes liebevolle Gegenwart.
3. Dehnen Sie Ihr Einverständnis noch weiter aus: Gottes liebevolle Gegenwart darf Sie prägen, bestimmen, leiten. Sie vertrauen dem inneren Meister.

Nacharbeit:
Falls Sie einen Großteil dieser Meditationsimpulse nicht nur gelesen, sondern als Meditationsübungen vollzogen haben, ist es an der Zeit, dass Sie Rückschau halten:

- Was hat sich in der Zwischenzeit für Sie verändert
  - im Hinblick auf den Kontakt zum inneren Meister und
  - im Hinblick auf die konkrete Gestaltung Ihres Alltags?
- Welche der Übungen könnten oder müssten Sie wiederholen, um die entsprechenden Erfahrungen zu vertiefen?

Achten Sie bei einer Wiederholung darauf, dass Ihr aktives Engagement – jene Elemente der Übung, die Ihre Aktivität verlangen – immer stärker zugunsten der Aktivität Gottes zurücktritt. Lassen Sie sich passiver werden, rechnen Sie mit Gott.

Braucht der innere Meister die äußeren Meister?

Reise

Fünf Monde, überdrüssig
ihrer gewohnten Bahn,
taten sich zusammen
und begannen eine Reise
aus der Gravitation
ins Innere dessen,
der ihnen zuschaute.

Walter Helmut Fritz[150]

Je genauer wir die einzelnen spirituellen Traditionen befragen, desto deutlicher wird: Bei aller Hochschätzung des spirituellen Führers und bei aller Anerkennung der Kunst der Seelenführung gilt die Hauptaufmerksamkeit doch dem inneren Meister. Von ihm geht die entscheidende Kraft aus. Er ist die leitende Instanz. Er ist die Anziehungskraft der Verwandlung. Und in allen Traditionen liegen anerkannte Beispiele dafür vor, dass einzelne Menschen den entscheidenden Abschnitt des spirituellen Weges sogar ohne Begleitung gegangen sind. Weggefährten oder Lehrer bzw. Lehrerinnen besaßen lediglich noch die Aufgabe, die spirituelle Erfahrung zu klären, sie zu deuten und offiziell anzuerkennen. Im Bereich des Hinduismus haben wir Ramana Maharshi als ein solches Beispiel kennengelernt. Ramana selber hat später in eindrücklicher Weise das Erlebnis geschildert: Unvorbereitet hat ihn die Todes- und Lebenserfahrung getroffen.

> Es war etwa sechs Wochen, ehe ich Madura verließ, um nicht zurückzukehren, daß der große Wandel in meinem Leben eintrat. Das geschah ganz plötzlich. Eines Tages saß ich allein in einem Raum des ersten Stocks im Hause meines Oheims. Ich fühlte mich frisch und wohl wie gewöhnlich. Ich muß überhaupt bemerken, daß ich nur selten krank war. Mein Schlaf war tief. [...]

123

Eines Tages also saß ich allein und fühlte mich keineswegs schlecht, – da packte mich jäh und unzweideutig der Schrecken des Todes. Ich fühlte, ich müßte sterben. Warum ich das fühlte, läßt sich durch nichts, was ich in meinem Körper empfand, erklären. Ich konnte es mir auch nicht erklären. Aber ich bemühte mich auch gar nicht, herauszufinden, ob meine Todesangst begründet sei. Ich fühlte einfach: »ich muß jetzt sterben« und überlegte sofort, was ich tun solle. Ich dachte nicht daran, einen Arzt oder Verwandte oder gar Fremde zu fragen. Ich fühlte: diese Frage mußte ich selber lösen, hier und jetzt, auf der Stelle.

Dieser Schreck der Todesangst wandte mich nach innen. Ich sagte innerlich zu mir selbst, ohne einen Laut zu sprechen: »Jetzt ist der Tod da. Was hat das zu bedeuten? Was ist das: Sterben? Mein Leib hier stirbt.« Sogleich fing ich an, meine Sterbeszene zu spielen. Ich streckte meine Glieder lang und hielt sie steif, als wäre die Todesstarre eingetreten. Ich ahmte einen Leichnam nach, um meinem weiteren Erforschen den äußeren Schein der Wirklichkeit zu leihen, hielt den Atem an, schloß den Mund und hielt die Lippen fest aufeinander gepreßt, daß mir kein Laut entfahren konnte. Laß nicht das Wort »Ich« oder irgendeinen Laut dir entschlüpfen! – »Gut«, sprach ich dann zu mir selber, »dieser Leib ist tot. Starr, wie er ist, werden sie ihn zur Leichenstätte tragen; dort wird er verbrannt und wird zu Asche. Aber wenn er tot ist, – bin dann ›Ich‹ tot? Ist der Leib ›Ich‹? – Dieser Leib ist stumm und dumpf. Aber ich fühle alle Kraft meines Wesens, sogar die Stimme, den Laut ›Ich‹ in mir, – ganz losgelöst vom Leibe. Also bin ich ein ›Geistiges‹, ein Ding, das über den Leib hinausreicht. Der stoffliche Leib stirbt, aber das Geistige, über ihn hinaus, kann der Tod nicht anrühren. Ich bin also ein todlos ›Geistiges‹.«

All das aber war nicht bloß ein Vorgang in meinem Denken, es stürzte als lebendige Wahrheit in Blitzen auf mich ein: ich ward es unmittelbar gewahr, ohne Überlegen oder Folgern. »Ich« war ein höchstes Wirkliches, das einzige Wirkliche in diesem Zustande, und alles bewußte Geschehen, das an meinem Leibe hing, war darauf versammelt. Dieses »Ich« oder mein »Selbst« blieb von diesem Augenblick an mit allmächtiger Anziehungskraft im Brennpunkt meiner wachen Aufmerksamkeit. Die Furcht vor dem Tode war ein für allemal vergangen. Dieses Verschlungensein ins »Selbst« hat von jener Stunde an bis heute nicht aufgehört. Andere Vorstellungen und Gedanken mögen kommen und gehen wie viele Töne einer Musik, aber dieses Ich dröhnt als Grundbaß fort, der sie alle begleitet und sich mit ihnen verbindet.[151]

Ramana berichtet, dass er im Anschluss an diese Erfahrung seinen Schüleralltag wieder aufzunehmen versuchte, aber sich sein Wesen zu verändern begann. Seine frühere Impulsivität und Reizbarkeit, die sich vor allem im Umgang mit seinen Schulkameraden gezeigt hatte, fiel von ihm ab. Er wurde sanfter, aber auch gleichgültiger. Er zog sich häufiger zurück als früher, meditierte und suchte Tempel auf. Bei diesen Aufenthalten in den Tempeln kam es zu einer neuen, eigenartigen Erfahrung: Gott, der an diesem Ort verehrt wurde, war in seinem Herzen ebenso stark gegenwärtig, sodass sich für ihn das übliche Gebet erübrigte.

> Ich ging häufig in den Tempel, und meine Seele floß in Strömen von Tränen über. Dies war das Spiel des Höchsten Wesens (îshvara) mit meiner einzelnen Seele. Ich stand vor dem Höchsten Wesen, dem Walter des Alls und aller Geschicke, dem Allwissenden, Allgegenwärtigen, und betete zuweilen, seine Gnade möge auf mich herniedersteigen, daß meine glühende Hingabe wüchse und so unablässig würde wie die Hingabe der dreiundsechzig Heiligen. Meist betete ich aber gar nicht, sondern ließ die Tiefe in mir strömen und überströmen hinaus in die Tiefe außer mir. Tränen waren das äußere Zeichen dieses Überströmens der Seele; sie deuteten auf keinen Schmerz, keine Freude besonderer Art.[152]

Die Veränderungen wurden so stark, dass Ramana seinem innersten Bedürfnis nachgab und nach Tiruvannalamai fuhr, an den Ort, an dem er für den Rest seines Lebens blieb, zuerst zurückgezogen im Tempel, dann in Höhlen des heiligen Berges Arunachala, schließlich als Mittelpunkt und Lehrer eines Ashrams, der weiterschenkte, was ihm zugeflossen war.

Nicht nur das Beispiel eines Ramana und anderer, die ähnlich wie er ganz aus dem eigenen Innern die notwendige Führung erhielten, legt es nahe, dem inneren Meister den Vorrang zu geben, sondern vor allem auch die bittere Tatsache, dass es neben den gelungenen Lehrer-Schüler-Verhältnissen auch zahlreiche nicht gelungene, schmerzvolle, destruktive Lehrer-Schüler-Beziehungen gibt.[153] Solche Beziehungen können im Hinblick auf den Meister – die Ursachen für eine missglückte Lehrer-Schüler-Beziehung können selbstverständlich auch beim Schüler liegen – unterschiedliche Gründe haben. So kann der Meister zwar einen hohen Grad an innerer Erfahrung besitzen, aber nicht über die pädagogische bzw. therapeutische Klugheit verfügen, andere zu leiten. Er verstrickt sich in dem, was in Therapien als Übertragung und Gegenübertragung bezeichnet wird. Es kann auch vorkommen, dass ein Meister seine innere Erfahrung mit dem ihm vertrauten Lehrsystem so konform deuten kann, dass er dieses Lehrsystem nie zu hinterfragen braucht und dadurch ideologieverdächtig wird – das oben ausführlich dargestellte Beispiel der japanischen Zen-Meister, die die staatliche Kriegspropaganda über die Grundforderungen der buddhistischen Religion stellten und das Mitleid, einen zentralen Wert der Boddhisattva-Spiritualität, in einen Tötungsbefehl umdeuteten, ist erschütternd genug. Ein weiterer Grund liegt im Machtstreben des Einzelnen: Die Position des »Erleuchteten«, der über alles Bescheid weiß, verführt Menschen leicht zum Missbrauch ihrer Macht, selbstverständlich »ganz im Dienst des Schülers, der geweckt, verunsichert und aus seinen Mustern herauskatapultiert werden muss ...«, wie die Formulierung mit spirituellem oder esoterischem Akzent jeweils lautet. Eine feudale Position im ursprünglichen Wortsinn! Einen letzten Grund möchte ich noch anführen, der gerade heute, da sich die Kulturen und Spiritualitäten weltweit begegnen, immer wieder mitspielt: Auch ein spiritueller Prozess ereignet sich stets im Rahmen einer bestimmten Kultur; wer einen solchen Prozess bis zum Ende gegangen ist und andere nun in diesem Prozess begleiten kann, verfügt noch nicht unbedingt über die Fähigkeit, diesen selben Prozess in ganz anderen kulturellen Zusammenhängen zu erkennen und zu begleiten. Konkret beinhaltet dieser vierte Grund eine Anfrage an den Meister und an den Schüler, falls sie aus verschiedenen Kulturen und Religionstraditionen stammen: Sind sie fähig, beim anderen die jeweils anderen kulturellen Gegebenheiten als solche zu erkennen und richtig einzuschätzen?

Der amerikanische Religionswissenschaftler Georg Feuerstein porträtiert in seinem Werk *Holy Madness. The Shock*

Tactics and Radical Teachings of Crazy-Wise Adepts, Holy Fools, and Rascal Gurus einige der schrägen spirituellen Führer der letzten Jahrzehnte. Er zeigt die kulturellen Hintergründe auf, die wenigstens teilweise das Verhalten dieser Meister erklären kann; er redet aber auch Klartext, wo es sich um egozentrisches, narzisstisches Machtgebaren, übermäßigen Alkohol- oder Drogenkonsum, sexuellen Missbrauch, ein grundsätzliches Ausnützen der Abhängigkeit im Lehrer-Schüler-Verhältnis handelt. Georg Feuerstein, der immer wieder die Eigenverantwortung des Schülers in den Vordergrund stellt, weil nur sie vor solchen machthungrigen, destruktiven Meistern schützt, betont gleichzeitig die Schwierigkeit und die Gefahr, sich ohne äußere Führung auf den inneren Meister einzulassen. So wie er ihn versteht, ist der innere Guru noch Teil der egozentrierten Persönlichkeit, also nicht frei von kulturellen und biographischen Prägungen; es braucht deshalb die Begegnung mit dem äußeren Guru, denn nur dieser, als Erleuchteter, kann den inneren Guru von dieser auf das Ego ausgerichteten Orientierung befreien.[154]

Damit spielt Georg Feuerstein auf ein Thema an, das vor allem jene Autoren und Autorinnen beschäftigt, die sich heute um den Dialog zwischen spirituellen Schulungswegen und therapeutischen Methoden bemühen[155]: Ist der innere Meister eine Instanz, die durch die biographischen Daten bzw. durch psychische Störungen nicht beeinträchtigt werden kann, weil sie göttlichen Charakter besitzt, oder gehört der innere Meister zu jenem psychischen Geflecht, das in einer behutsamen, jahrelangen Therapie aufgearbeitet werden muss, eine Therapie, die die Voraussetzung bildet, damit sich der innere Meister überhaupt unverstellt zeigen kann. Ich selber neige im Anschluss an die religiös geprägten spirituellen Traditionen zur ersten Ansicht. Vielleicht lassen sich die beiden Ansichten aber auch insofern verbinden, als die Vorstellung vom inneren Meister sicher immer kulturspezifisch geprägt ist und damit – als Bild – in jenen Bereich gehört, der im Hinblick auf eine mystische

Erfahrung Gottes geklärt werden muss. In vielen religiösen Traditionen, u.a. auch in der christlichen Mystik, löst sich aber die Vorstellung vom inneren Meister schon sehr bald zugunsten einer bild- und konzeptlosen Erfahrung des Göttlichen auf, einer Erfahrung, die sich der Kraft kultureller und religiöser Muster, aber auch der Kraft psychischer Prägungen und Störungen entzieht.

Ein weiteres Mal kann die innere Entwicklung, die Henri Le Saux durchlebte, als Illustration des eben Gesagten dienen. Henri Le Saux erreicht 1948 Indien, und das Ziel seiner Fahrt ist klar: Gemeinsam mit Jules Monchanin, andernfalls im Rahmen eines andern Projekts, will er als Mönch in Indien missionarisch leben. Im Vordergrund soll weder die Seelsorge in einer Missionsregion noch die soziale Hilfe stehen, sondern ein Wirken, das die Abgeschiedenheit und die durch die liturgischen Gebete rhythmisierte Tagesstruktur eines benediktinischen Mönchslebens als christliche Basiswerte mitvermittelt. Doch das Ashram-Projekt will nicht recht gelingen. Die inneren Gründe liegen sicher im erneuten und nun radikalen Aufbruch, mit dem sich Henri Le Saux nach der Begegnung mit Ramana Maharshi auf den mystischen Weg begibt. Die Auseinandersetzungen mit den verschiedenen und gegensätzlichen Modellen von Missionsarbeit, die theologischen Streitigkeiten in den Jahrzehnten vor dem Zweiten Vatikanischen Konzil, das Bemühen, interessierte und geeignete »Mitbrüder« zu finden, treten in den Hintergrund. Er will sich ganz der inneren Erfahrung widmen, wie sie sich ihm durch die Advaita-Tradition eines Ramana erschlossen hat. Doch dieser Schritt ist nicht einfach; es folgt ein langjähriger und, wie das Tagebuch es dokumentiert, phasenweise schmerzhafter innerer Prozess.

Die Advaita-Tradition setzt voraus – ähnlich wie die Konzepte der christlichen Mystiker –, dass Gott und jener tiefste Seelengrund, in dem der Mensch mit Gott verbunden ist, sich der einordnenden Sprache entziehen. Gott ist für den

Menschen durch keinerlei Konzepte erreichbar. Eine solche »mystische« Philosophie bereitet Henri Le Saux im Prinzip keine Schwierigkeiten, sie entspricht seiner Ahnung und immer tiefer auch seiner Erfahrung. Was ihn aber erschreckt, ist die Feststellung, wie wenig er bisher den Konsequenzen einer solchen Erfahrung Raum gegeben hat. Sie ist bisher für ihn Philosophie bzw. Theologie, das heißt: immer noch Sprache und selbstverständlich kirchlich geprägte Sprache geblieben. Erst jetzt wird ihm bewusst, wie sehr ihn diese Erfahrung aus dem vertrauten Milieu herausführt.

In seinem Tagebuch[156] tauchen Konflikte auf, die er in den veröffentlichten Werken wenig bis gar nicht thematisiert: In welchem Maß ist er noch an die liturgischen Verpflichtungen (Gebetszeiten, Messfeier) gebunden? Muss er sich an die vorgeschriebenen Zeitpunkte und an die vorgegebene Leseordnung halten? Darf er sich – betend, meditierend – der inneren Inspiration, vor allem dem Sog des Schweigens, überlassen, oder hat er die Gebete (vor allem die biblischen Psalmen und Hymnen aus den ersten christlichen Jahrhunderten) und Lesungen zu absolvieren, die vorgesehen sind?

Diese Fragen haben nicht so sehr mit Pflichterfüllung zu tun, sondern mit Theologie. Stärker als während seinen Klosterjahren in Frankreich wird ihm in Indien bewusst, wie sehr ihn diese Texte in einem theologischen Konzept festhalten. Sie lassen keinen Raum für die Erfahrung, die ihn jetzt erfüllt. Sie fixieren zum einen die historische Person Jesus von Nazareth und seine Gotteserfahrung in der jüdisch-christlichen Kultur, sie stellen zum andern Jesus in den Rahmen einer dramatischen Geschichte. Sie nivellieren Gott auf die Ebene menschlicher Auseinandersetzungen. Sie schließen aus, was sich ihm, Henri Le Saux, jetzt als Gott mitteilt und was er an der inneren Erfahrung Jesu messen möchte.

Henri Le Saux probiert in seinem Tagebuch verschiedene »Lösungen« aus: von der Verzweiflung über seine Situation zwischen den Religionen bis hin zu theologischen Entwürfen, vom Versuch, die ihm bekannte christliche Theologie neu zu interpretieren, bis hin zum Wagnis, in den tradierten hinduistischen Symbolen dieselbe göttliche Realität zu entdecken, die er in seiner kirchlichen und monastischen Schulung geahnt hat. – Was Henri Le Saux an Verunsicherung durchstehen muss und an Neuem wagt, kann nur jemand nachvollziehen, der selber selbstverständlich und engagiert in einer religiösen Tradition großgeworden ist und erlebt, wie ihm dieser Boden entzogen wird.

> Ich habe es nun *akzeptiert*, in Zukunft einfach ein authentischer christlicher *Sannyasi* zu sein, ein hinduistischer-christlicher Mönch, der christliche Nachfolger von Kalai Maharshi, meinem Vogänger in dieser Höhle, von Ramana und vielen anderen, die alles aufgegeben haben, um sich dem Einen im Arunachala zu weihen. Akzeptieren, daß ich in meiner Höhle bleibe und schweige, und zwar *für immer*, ohne mir Sorgen zu machen im Hinblick auf mein missionarisches Zeugnis. Für Gott der erste Christ des heiligen Berges Arunachala.[157]

> Mein *Sadguru* ist der Christus Abhishikesvara. Er ist der Weg, die Wahrheit und das Leben. Er ist die Türe der Schafe. Niemand hat den Vater gesehen außer ihm, der aus dem Herzen des Vaters herabgestiegen ist.[158] Niemand hat Gott so »verwirklicht« wie er. Niemand hat je über einen solchen Sinn für das göttliche Bewußtsein verfügt wie er. *Ego et Pater unum sumus.* Sie können gleichzeitig unter dem Aspekt des *dvaita* und des *advaita* betrachtet werden.[159] Christus ist der Meister-Guru. Wie jeder wahre Guru besitzt er für seine Schüler ein unbegrenztes Mitleid. Vgl. *misereor super turbam* in Joh 6, vgl. vor allem Joh 13–17.[160]

> Er lebt nur für seine Schüler: *pro eis sanctifico meipsum.*[161]

> Ich übergebe mich Christus wie meinem *Sadguru.* Ich »glaube« an ihn, *sraddha;* ich vertraue auf seine Fähigkeit als Guru, ich überlasse mich ihm ganz und gar.[162]

> Wie erhalte ich seine Belehrungen? Auf zwei Arten:
> – der äußere Weg über das Wort,
> – der innere Weg über den Geist.

> Seine Lehre ist mir durch seine Schüler vermittelt worden, die sich Generation um Generation folgten. Schon im Evangelium lese ich, ohne von der christlichen Tradition als solcher zu sprechen: »Wer euch hört, hört mich.«

In einem tieferen Sinn lebt mein Guru in mir: durch seinen Geist. Sein Geist hat mir seinen *paramatman* vermittelt.[163] Der *atman* meines Guru ist auch meiner. Doch will ich das Stichwort »Geist« auch im westlichen Sinn verstehen: Geist der Kindschaft, des Erbarmens, der Weisheit usw. Er ist in dem Maß in mir, als er seine »Art und Weise«, zu leben, Gott zu erfassen, Gott zu verwirklichen usw., auf mich überträgt. Er ist in dem Maß in mir, als er mir an seinen *Santam, Sivam, Advaitam* teilhaben läßt.[164] Nichts von dem, was ihm der Vater gegeben hat, hat er für sich zurückbehalten, er hat alles kundgetan, er hat alles gegeben. Schließlich hat er sich selber gegeben.[165]

Ich sollte endlich den Sprung in den reinen *advaita* wagen, flüstert mir ständig jene Stimme zu, die im Grund meines Herzens singt und die Harilal vor kurzem auch nach außen gelockt hat. Tatsächlich bin ich immer weiter vom Hinduismus *saguna* entfernt. Im Moment lasse ich mich auf den *advaita* ein. Es geht mir wie vor einem Bad im Meer: Man überprüft die Temperatur, streckt vorsichtig den Fuß ins Wasser und man zögert den Sprung, der allein die Befriedigung schenkt, noch unendlich hinaus. Ich versuche sowohl als Christ und als westlicher Mensch den *advaita* zu verstehen, und wenn ich endlich am Ende meiner Destilliervorgänge und Ableitungen bin ... Ach wie komplex ist »mein« *advaita* und alles andere als Nichtdualität!¹⁶⁶[166]

Die Wahrheit ist: Die Freude des *atman* gibt es allein im *atman.*

Das Hereinströmen des Anderen, jenes Anderen, der mich aus allen meinen mehr oder weniger bequemen Orten, an denen ich mich immer wieder einzurichten verstehe, vertreibt. Mein Christentum, mein Hinduismus usw. Vom Hereinströmen Gottes, davon spricht die christliche Mystik.

Dieser Andere vertreibt mich. Er vertreibt mich von der Stelle, von der ich annahm, daß ich sie mir im Sein geschaffen hätte, von meiner Stelle im Sein. Er jagt mich nicht in dem Sinn davon, daß ich mich sammeln und mich an einem anderen Ort verstecken könnte. Denn dieser Andere erträgt kein Anderes mehr. Neben ihm gibt es kein Anderes mehr. Als das klar war, welche Sterbensangst für mein »Ich«, das weder über eine Stelle im Sein verfügt noch über einen »Grund« zu sein.[167]

Ob ich es will oder nicht, im Tiefsten bin ich mit Jesus Christus verbunden und deshalb auch mit der kirchlichen *koinonia.*[168] Denn in ihm hat sich mir, seit ich für mich und die Welt wach geworden bin, »das Geheimnis« enthüllt. Denn in seinem *Bild,* unter seinem *Symbol* erkenne ich Gott, erkenne ich auch mich und die Welt der Menschen. Seit ich hier zu neuen Tiefen in mir (das Selbst, der *atman*) vorgedrungen bin, hat sich dieses Symbol auf wunderbare Art erweitert. Bereits die christliche Theologie hat mich auf die ewige Gültigkeit des Geheimnisses Jesu aufmerksam gemacht: *in sinu Patris.*[169] Dann hat mir Indien den ganzen kosmischen Aspekt dieses Geheimnisses offenbart – diese Offenbarung, die ganzheitliche *vyakti*, in die sich die jüdische Offenbarung einfügt.[170] Der unermeßliche Christus, der höher ist als die Himmel, aber auch unendlich nahe [...]. Dieses Geheimnis, das ich schon immer unter dem Symbol Christus angebetet habe, erkenne ich im übrigen auch in den Mythen von Narayana, Prajapati, Siva, Purusha, Krishna, Rama usw. Es ist dasselbe Geheimnis. Doch für mich ist Jesus mein *Sadguru.* Denn in ihm ist mir Gott erschienen; in ihm als Spiegel erkenne ich mich selbst, wenn ich ihn anbete, liebe, mich ihm hingebe.

Jesus ist nicht der Gründer einer Religion. Das kommt später. Jesus ist der *Guru*, der das Geheimnis vermittelt.[171]

Die Lektüre der Tagebücher zeigt, dass Henri Le Saux im Kontakt mit dem inneren Meister einen mehrschichtigen Prozess durchlebt hat. Er hatte seine christliche Theologie und seine monastische Prägung, die ihm bisher Schutz und in einem gewissen Sinn auch Quelle der inneren Erfahrungen waren, loszulassen. Er entdeckte die Faszination und Gültigkeit einer anderen religiösen Symbol- und Gedankenwelt, um auch diese hinter sich zu lassen. Er litt an der Vorläufigkeit, ja Ungültigkeit jeglicher Sprache Gott gegenüber. Er erfuhr, wie sehr er als Person sprachlich geprägt war: Die durch die innere Erfahrung aufgedrängte Sprachlosigkeit wurde zu einer existentiellen Einsamkeit.

Auf dem Grund der *guha* gibt es weder Namen noch keine Namen, weder Shiva, noch Jesus![172]

Erst in den Monaten, da er selber als Guru seinem Schüler Marc Chaduc die innere Erfahrung weitervermitteln konnte, fand das Bedrückende der Sprachlosigkeit ein Ende.

Namen für die Tiefen: *sahatvam – vaktram – gudham*
Sahatvam: das Geheimnis der Zusammengehörigkeit, der *Beziehung*, des Geistes.
Vaktram: das durch das *Wort-vak* sichtbar gewordene Gesicht, der Purusha.

Gudham: der Grund, der nie in Worte gefasst werden kann, der Vater. [...]

Gott ist Gemeinschaft – Gott ist Wort und Antlitz – Gott ist Geheimnis.
Ich bin Gemeinschaft. Ich bin Wort und Antlitz – ich bin Geheimnis.
Jedes menschliche Ich ist Gemeinschaft, Wort und Antlitz, Geheimnis.
Die ganze Schöpfung ist Gemeinschaft, Wort und Antlitz, Geheimnis.

Sahatvam, vaktram, gudham.[173]

Gerhard Tersteegen (1697–1769) – eine Mystikerbiographie in einer anderen Zeit und auf dem Hintergrund anderer Fragen.[174] Gerhard Tersteegen ist das siebte von insgesamt acht Kindern einer angesehenen Kaufmannsfamilie in Moers (im niederrheinischen Tiefland). Schon früh, im Alter von sechs Jahren, verliert er den Vater. Er besucht die Lateinschule in Moers, die ihm die für die späteren Arbeiten wichtigen Sprachkenntnisse (Latein, Griechisch, Hebräisch, Französisch) vermittelt. Im Alter von sechzehn Jahren beginnt er bei einem Onkel die Kaufmannlehre, gründet später, im Jahre 1717, ein eigenes Geschäft, das er aber schon bald zugunsten der ruhigeren Tätigkeit eines Seidenbandwebers wieder aufgibt. Denn inzwischen hat er Wilhelm Hoffmann und dessen Konventikel kennengelernt und sein Leben bewusst dem spirituellen Weg geweiht.

Ab 1719 verknüpft sich Gerhard Tersteegens Leben international mit den Lebensgeschichten anderer mystisch suchender Menschen. Er besucht sie und ihre Versammlungen, er schreibt über sie, er erhält ihre Schriften geschenkt oder zugespielt, er entdeckt in ihren Biographien und in ihren mystischen Werken seine eigenen Erfahrungen. Als Prediger, Seelsorger (Unterricht und Briefe) und Schriftsteller inspiriert und betreut er verschiedenste Gruppierungen (Brudergesellschaften); er ist so erfolgreich und seine Predigten ziehen soviele Zuhörer an, dass es immer wieder zu Zusammenstößen mit der kirchlichen und staatlichen Obrigkeit kommt. Ab 1725 lebt er in einer Hausgemeinschaft mit Heinrich Sommer, 1745 schließen sich Sybille Emschermann, deren Bruder und Schwägerin dieser Hausgemeinschaft an (Pilgerhütte). In den letzten zehn Jahren seines Lebens reduziert er die öffentliche Tätigkeit fast ganz, behält aber weiterhin ein offenes Haus für die vielen Menschen, die ihn aufsuchen und seine Führung wünschen. Er stirbt im Jahre 1769 in Mülheim.

In seinen Reflexionen und Anweisungen hat Gerhard Tersteegen starkes Gewicht auf die innere Führung gelegt. Vielen seiner Gedankengänge sind wir, wenn auch in anderen Worten, bereits begegnet. Hansgünter Ludewig hat sich ausführlich mit den Gebets- und Meditationsmethoden Gerhard Tersteegens beschäftigt – seiner Zeit entsprechend redet Tersteegen stets vom Gebet, nie von der Meditation – und betont die Zurückhaltung Tersteegens, wenn es darum geht, Gebetsformen und -erfahrungen einzuordnen bzw. sie zu den normalen Stationen einer spirituellen Entwicklung zu erklären. Gott kann den Menschen ganz verschieden führen. Und ein Seelsorger sollte weniger darauf achten, ob und wann sich bestimmte Erfahrungen einstellen, sondern in welcher individuellen Weise Gott die Seele führt.

> Zunächst fällt auf, daß Tersteegens Differenzierungen vergleichsweise unscharf sind, gemessen an den präzise gefassten »Ständen des Gebetes« bei Theresa von Avila. Das beginnt bei den uneinheitlichen Bezeichnungen und endet bei der Unklarheit, ob Tersteegen den »Stand der Beschaulichkeit« für sich selbst tatsächlich zurückweist. Offensichtlich ist diese Unschärfe Absicht. Ich sehe zwei Beweggründe, warum »es unnöthig, ja oft schädlich (ist), wenn die Seelen den Unterschied der Stände so genau wissen.« Einmal führt »Gott die Seelen gar nicht nach einerlei Ordnung.« Zum andern muß man auch »andere nach keinem einzigen Conzept führen wollen«. Als Tersteegen von anderer Seite wiederum nach den geistlichen Ständen gefragt wird, antwortet er, daß er um dieser beiden Gefahren willen »eben nicht gerne so genau von dem Unterschied der Seelenstände« rede und schreibe.[175]

Mit verschiedenen Textstellen – zum Teil aus den geistlichen Briefen, die Gerhard Tersteegen verfasst hat, zum Teil aus den Kurzbiographien wichtiger Mystiker und Mystikerinnen, die er für seinen Freundeskreis zusammengestellt und veröffentlicht hat – belegt Hansgünter Ludewig, wie wichtig es für Tersteegen war, dass keinerlei äußere Konzepte das Wirken der inneren Führung einengten. Eine große Herausforderung für die Seelenführung!

Wer sich zu sehr von vermeintlichen Regeln bestimmen läßt, Übungen »nachäfft« und sich darin ›versteift‹, darf sich nicht wundern, wenn er darauf festsitzt: *»durch eine solche Nachäffung würden wir eben dem Geist der Gnaden in seiner freien Bewirkung und Regierung das größte Hindernis setzen, und in eine schädliche Heuchelei verfallen können.«* Auch für sein seelsorgerliches Begleiten will Tersteegen keinen Fahrplan. Er sieht zwar Wachstümliches, aber es liegt immer etwas Unberechenbares darin, daß Gottes Geist uns in alle Wahrheit leitet. Ihm ist der dabei übliche Schematismus grundsätzlich unangemessen, denn schließlich soll man in der Seelenführung keiner »Reisebeschreibung« folgen, sondern auf die besonderen Führungen Gottes achten. *»Wer nun anderen dienen soll, muß Gott nachgehen und sehen, wie eine Kindemagd dem Kinde folgt, und nur herum lenkt, wann es in Gefahr laufen will. ... Gott gebe dem, der zu dieser Zeit mit anderen umgehen soll, ein reiches Maß seines Geistes! O! wer ist dazu tüchtig!«* Tersteegen geht davon aus, daß Gott selbst an die Stelle des Seelenführers tritt. Praktisch übernimmt er allerdings in hohem Maße die Rolle eines geistlichen Mentors. Nur sieht er sich nicht auf der höheren Warte eines Beobachters, der mit der Überlegenheit seines Ständewissens immer schon weiß, wie es gehen soll. Für ihn steht jeder Einzelne mit seinen individuellen Möglichkeiten unter dem unmittelbaren Geleit Gottes. So bleibt als Leitlinie für seine seelsorgerliche Beratung: *»Man trifft in diesem Werk heilige Seelen von verschiedener Gattung an, nach dem Grund aber, nach den Haupt-Ständen und Ziel, ist alles in allen einerlei. Aber in den besonderen Führungen und Erfahrungen ist eine merkliche Verschiedenheit.«*[176]

Ausführlich und differenziert legt Gerhard Tersteegen seine Art der »freien« Seelsorge in einem Brief dar:

Ich weiß mich noch gar wohl zu besinnen, was ich darüber gefühlt, wie ich am ersten von Dir hörte und warum ich Dir zum Umgang mit diesen oder jenen keinen Anlaß habe geben wollen. Ich glaubte, daß du ruhiger und sicherer ohne solchen Umgang wandeln könntest, und daß die göttliche Vorsehung Dir schon zu rechter Zeit Umgang zuschicken würde. Und so habe ich es auch nicht gern gesehen, wenn Du Dir viel und allerhand geistliche Bücher aufgesucht hast. Nicht, als wenn ich etwas wider solche Bücher oder Freunde hätte. Nur ist nicht alles, was an sich selbst gut ist, auch gut für uns. Manche, auch teure Wahrheit kann uns verwirren oder aufhalten, wenn wir sie vor der Zeit wissen wollen. Darum ist meine Weise, daß ich die Seelen sehr der freien Leitung der Gnade überlasse und sie auf nichts führe als auf das, worauf Gott sie führen will. Ich sehe Gott nur zu und erinnere, wo sie auf etwas Schädliches geraten sollten. Ich habe Umgang mit Seelen, die herzlich und innig vor Gott suchen zu wandeln, denen ich nie ein Wort von Büchern gesagt, die ich selbst habe drucken lassen, weil ich es ihnen nicht dienlich achtete. Gott muß überall Meister und wir seine Schüler bleiben, die sich bei der aufgegebenen Lektion halten.[177]

Gerhard Tersteegen, seine mystische Erfahrung und sein Vertrauen auf die innere Führung sind für viele Christen und Christinnen dank seiner Lieder lebendig geblieben. Eines seiner bekannten Lieder ist *Gott ist gegenwärtig*.[178] Da es für unser Thema ergiebig ist, möchte ich es in seiner ganzen Länge wiedergeben.

Gott ist gegenwärtig, lasset uns anbeten
und in Ehrfurcht vor ihn treten!
Gott ist in der Mitte; alles in uns schweige
und sich innigst vor ihm beuge!
Wer ihn kennt,
wer ihn nennt,
schlag die Augen nieder;
kommt; ergebt euch wieder!

Gott ist gegenwärtig, dem die Cherubinen
Tag und Nacht gebücket dienen;
»Heilig, heilig!« singen alle Engelchören,
wenn sie dieses Wesen ehren.
Herr, vernimm
unsre Stimm,
da auch wir Geringen
unsre Opfer bringen!

Wir entsagen willig allen Eitelkeiten,
aller Erdenlust und Freuden;
da liegt unser Wille, Seele, Leib und Leben
dir zum Eigentum ergeben.
Du allein
sollst es sein,
unser Gott und Herre,
dir gebührt die Ehre.

Majestätisch Wesen, möcht ich recht dich preisen
und im Geist dir Dienst erweisen!
Möcht ich wie die Engel immer vor dir stehen
und dich gegenwärtig sehen!
Laß mich dir
für und für
trachten zu gefallen,
liebster Gott, in allen!

Luft, die alles füllet, drin wir immer schweben,
aller Dinge Grund und Leben,
Meer ohn Grund und Ende, Wunder aller Wunder,
ich senk mich in dich hinunter.
Ich in dir,
du in mir,
laß mich ganz verschwinden,
dich nur sehn und finden!

Du durchdringest alles, laß dein schönstes Lichte,
Herr, berühren mein Gesichte!
Wie die zarten Blumen willig sich entfalten
und der Sonne stille halten,
laß mich so
still und froh
deine Strahlen fassen
und dich wirken lassen.

Mache mich einfältig, innig, abgeschieden,
sanfte und im stillen Frieden,
mach mich reinen Herzens, daß ich deine Klarheit
schauen mag im Geist und Wahrheit!
Laß mein Herz
überwärts
wie ein Adler schweben
und in dir nur leben!

Herr, komm in mir wohnen, laß mein'n Geist auf Erden
dir ein Heiligtum noch werden;
komm, du nahes Wesen, dich in mir verkläre,
daß ich dich stets lieb und ehre!
Wo ich geh,
sitz und steh,
laß mich dich erblicken
und vor dir mich bücken!

Das Lied bringt eine Fülle von Anspielungen zu den Themen, denen wir uns in diesem und in den vorangehenden

Kapiteln gewidmet haben. Es lebt vom Vertrauen auf die innere Führung. Mit den Worten aus einem Abschnitt der Abschiedsreden des Johannesevangeliums bittet die letzte Strophe um die Präsenz Gottes. Das Herz, hier: der Geist, dient Gott als Heiligtum. Dieselbe letzte Strophe bezeichnet Gott als »nahes Wesen«, dem Menschen so zuinnerst, dass Gott nichts Fremdes mehr anhaftet, dass die Demutsgeste und die Verklärung – die Spiritualität der orthodoxen Kirche spricht gern von der Vergöttlichung des Menschen – zusammengehen. Das Thema der inneren Führung wird in der sechsten Strophe mit dem Motiv des Lichts veranschaulicht: Wie die Sonne alles leben lässt und sich die Blumen nach diesem Licht ausrichten, so überlässt sich der Mensch dem Wirken Gottes. Auch hier: Dieses Wirken ist nicht ein Wirken, das sich aufzwingt; wie wärmende und belebende Lichtstrahlen durchdringt es den Menschen.

Wie in den anderen mystischen Texten, die ich angeführt habe, ist auch in diesem Lied die Vorstellung der inneren Führung ausgeweitet auf die grundsätzliche Präsenz Gottes. Gott ist – in nichtpersonalen Bildern gesprochen – die Mitte, die Luft, die alles erfüllt, das grund- und endlose Meer, die Sonne. Gott ist ebenso im Innersten des Menschen. Gott erfüllt und umgibt den Menschen. Dem Menschen bleibt das Vertrauen, die Hingabe, die Versenkung, das Schweben (im alten spirituellen Bild des Adlers), das Einverständnis, Gottes Eigentum zu sein. Aus dem Lied spricht die christliche Tradition, wenn das Verschwinden des Menschen (in der fünften Strophe) nicht den Charakter der Auflösung besitzt, sondern der Liebe.

Gerhard Tersteegens Lied vermag das Vertrauen auf die innere Führung zu wecken, denn es entstammt der Erfahrung. Verglichen mit anderen Texten Tersteegens und der spirituellen Sprache jener Zeit weist es knapp, ungekünstelt und in ansprechenden Bildern auf den inneren Erfahrungsweg. Es führt uns, wenn wir es lesen, durch die Bitten in einen ersten Vollzug des inneren Weges, zum ersten und entscheidenden Schritt: zum Einverständnis mit diesem Weg.

Die Spuren des inneren Meisters

Auch das

Ratlosigkeit ist gut.
Verlieren ist gut.
Versäumnis ist gut.
Verkehrte Wege wählen ist gut.
Nicht weiter wissen ist gut.
Sich leer fühlen ist gut.
Auch das ist ein volles Leben.

Walter Helmut Fritz[179]

Jeder Mensch besitzt eine spirituelle Biographie, auch wenn ihm die entsprechende Sprache nicht zur Verfügung steht oder er sogar eine Abneigung gegen diese Art Sprache entwickelt hat. Unter »spiritueller« Biographie verstehe ich die verschiedenen Signale, Situationen, selbst gefällten oder durch andere aufgedrängten Lebensentscheidungen, die zusammengenommen und von einem geschulten Blick wahrgenommen, eine Art Spur bilden, die Spur des inneren Meisters. Wenn ich im Rahmen von Meditationskursen mit einzelnen Männern und Frauen über ihr Leben spreche, staune ich, mit welcher Sicherheit und wie genau sie ihr eigenes Leben, ihre spirituelle Biographie, wahrnehmen. Was sie dazu führt, nun ihr Leben noch bewusster zu gestalten und sich auf das einzulassen, was sich meldet.

Spirituelle Biographie: Sie hat nichts mit der Überhöhung einer bestimmten Erfahrung zu tun. Sie darf nicht mit der Lust verwechselt werden, sich entlang der kleinsten Einzelheiten und der geringsten Vorfälle ins spirituelle Deutungslabyrinth zu verlieren. Sie meint auch nicht eine spezielle Berufungsgeschichte. Sie basiert vielmehr auf der Gewissheit, dass das Leben geführt wird, eine Gewissheit, die bewusst werden, aber auch unbewusst bleiben kann, eine Gewissheit, die sich unter Umständen einem Menschen auch entzieht, die er höchstens im Austausch mit jemand anderem erkennen und anerkennen kann. Das Schlüsselwort für die Entdeckung der eigenen spirituellen Biographie ist: Vertrauen.

Die eigene spirituelle Biographie zu entdecken lohnt sich immer. Es gibt Momente, da dies sich aufdrängt: wenn wichtige Entscheidungen getroffen werden müssen, wenn eine Situation als Bruch erlebt wird – Abbruch, Zusammenbruch, Aufbruch? –, wenn ein Neuanfang vor der Tür steht oder wenn die Zeit für einen ausgiebigen Rückblick zur Verfügung steht.

Ich selber widme mich dieser Entdeckung gern in schriftlicher und mündlicher Form. Ich beginne jeweils mit einer Art Tagebuch, halte genau fest, was sich ereignet, und schreibe zudem auf, was mich im Blick auf früher als Erinnerung beschäftigt. Wenn in der Erinnerung Begegnungen und Geschehnisse aus einer Zeit wiederkommen, in der ich ebenfalls ein Tagebuch geführt habe, lese ich dort nach, wie ich es damals erlebt und aufgefasst habe.

Ich möchte anfügen, dass für mich das Tagebuch nicht durchgehend aus derselben Perspektive geführt sein muss. Ich halte im Tagebuch die Ereignisse, meine Ereignisse, oft auch aus dem Blickwinkel einer anderen Person fest, meiner Partnerin, eines Arbeitskollegen, eines Nachbarn. Und gelegentlich führe ich das Tagebuch sogar aus der Perspektive des inneren Meisters. Wenn ich über viel Zeit verfüge, beschreibe ich den einen Tagesabschnitt auch aus zwei verschiedenen Perspektiven … Wenn sich die Gelegenheit bietet – meistens muss ich sie mir organisieren –, bespreche ich meine Erlebnisse und meinen Versuch, sie festzuhalten und zu erfassen, mit jemand anderem, um zu erfahren, wie sie für eine andere Person klingen.

Im Anschluss an einen Vortrag hat ein Mann, den ich nicht weiter kennengelernt habe, meine Ausführungen ergänzt: Für ihn hat das Tagebuchschreiben etwas »Veraltetes, Sentimentales« an sich. Etwas in ihm widersetzt sich, ein Tagebuch zu führen. Aber er hat für sich die Form des Bewerbungsschreibens entwickelt: Von Zeit zu Zeit »bewirbt« er sich, schreibt in diesem Zusammenhang auch einen kurzen Lebenslauf, in dem er vor allem auf ein paar zentrale Stationen seines Lebens und die Ereignisse der letzten Wochen eingeht. Er besitzt, so hat er versichert, bereits eine ganze Mappe solcher Lebensläufe, bewusster Auseinandersetzungen mit der spirituellen Biographie.

Wer nicht gern schreibt, kann selbstverständlich einen solchen Rückblick auch in Form eines Bildes, einer Collage, einer Bewegung, eines Tanzes, einer musikalischen Improvisation gestalten.

Wenn wir spirituell zu suchen beginnen und unser Leben bewusster gestalten möchten, ist im Normalfall bereits ein wichtiger Teil unseres Lebens »geschehen«. Das Erbe der Eltern, die Konstellation der Familie, die Gewohnheiten, Muster und Wertmaßstäbe, die den familiären Alltag bestimmten, Begegnungen in den ersten Lebensjahren, den Schulalltag, das alles haben wir hinter uns – wohl eher: in uns –, wenn wir nach dem Sinn unseres Lebens zu fragen beginnen. Wir können uns selbstverständlich ändern und uns sogar von diesen Gegebenheiten trennen wollen – doch sie trennen sich nicht von uns. Als Basis unseres Verhaltens bleiben sie weiter im Kurs. Deshalb kann es bei einem Rückblick sinnvoll sein, einmal nach diesen Gegebenheiten zu fragen, sie zusammenzustellen und sie im Licht des inneren Meisters zu betrachten. Wenn sie sich als Basis oder als biographisches Material für ein spirituelles Leben eignen – und wir haben ja keine andere Basis, kein anderes biographisches Material zur Verfügung –, welche Führungsimpulse kann ich ihnen entnehmen? Ähnlich können wir bei einschneidenden Veränderungen fragen: Welcher Impuls geht von ihnen aus, wenn ich sie im Rückblick als Sprache des inneren Meisters zu verstehen suche?

Ebenso spannend und bereichernd finde ich es, den wichtigen und prägenden Begegnungen nachzugehen und sie in ihrem Zusammenhang zu verstehen: Verwandte, Angehörige, Lehrer und Lehrerinnen, Schulfreundschaften,

Ausbildner und Ausbildnerinnen, Freunde, Freundinnen, Menschen, die überraschenderweise in unser Leben traten, Menschen, um die wir gerungen haben, Personen, die für uns oder für die wir Verantwortung übernommen haben, Kursleiter und -leiterinnen, Ärztinnen, Therapeuten … Der innere Meister kann seine Führungsaufgabe delegieren. Ich habe für mich und meine Lebensgeschichte die Unterscheidung zwischen einem »langfristigen« und einem »kurzfristigen« Meister eingeführt. Ein langfristiger Meister ist eine Person, die mich über einen längeren Zeitraum (mehrere Jahre) begleitet, inspiriert und, absichtlich oder unabsichtlich, geprägt hat, eine Person, die ich auch selber aufgesucht habe, von der ich im Laufe dieser Zeitspanne auch geahnt habe, dass sie für mich eine wichtige Rolle spielt. Ein kurzfristiger Meister hingegen kann sogar auf eine einmalige Begegnung beschränkt bleiben: Es genügt der eine Satz oder die eine Handlung, die mir etwas aufgeschlossen hat. Oft hat es erst der zeitliche Abstand deutlich gemacht, dass etwas Wesentliches geschehen war. Ich kenne auch die Kategorie des »unerwünschten« Meisters: eine Begegnung, die unangenehm oder schmerzhaft verläuft, weil sie mir in ihrer klaren oder provozierenden Art Zusammenhänge aufdeckt, die ich noch nicht sehen wollte.

Es gibt spirituelle Traditionen, die betonen, dass jede Begegnung, mit wem auch immer, zur entscheidenden Begegnung mit dem Meister werden kann. Diese Aussage gefällt mir insofern, als sie uns zur Wachheit mahnt und verhindert, dass irgendwelche Meister weit über andere Menschen gestellt werden. Sie stimmt mich aber auch bedenklich, denn sie kann dazu führen, dass wir den wahren Meister verpassen, weil wir unsere Kraft durch die Beschäftigung mit den zahlreichen Kleinmeistern bereits verausgabt haben.

Bei einem Rückblick sollte die innere Führung nicht nur auf der Ebene der »Fakten« und Begegnungen ernst genommen werden, sondern ebenso auf der Ebene der Fragen, Sehnsüchte, Träume und Widerstände. Es gibt Fragen, die uns seit der Kindheit umtreiben, die gelegentlich für ein paar Jahre verschwinden und dann in einer neuen Fassung wiederkehren. Es ist erhellend, die Stammbäume unserer zentralen Fragen aufzustellen oder die Abfolge unserer Sehnsüchte. Der Umgang mit den Träumen braucht meistens eine fachliche Begleitung, sei es ein therapeutisches Gespräch, sei es der Austausch in einer Traumgruppe. Doch wenn die Träume erschlossen werden, vermitteln sie eine Bilderwelt, die die Energie des inneren Meisters kraftvoll umsetzt.

Ähnlich wie im Kapitel *Das Vertrauen auf den inneren Meister* möchte ich Ihnen auch in diesem Kapitel eine Reihe von Meditationsübungen anbieten, die den eben skizzierten Rückblick begleiten und vertiefen und Ihr Bewusstsein für Ihre ganz persönliche spirituelle Biographie fördern können. Die Meditationsimpulse im vierten Kapitel sind so ausgerichtet, dass Ihr »Sinn« für die Präsenz Gottes in Ihrem Herzen wach wird. Die Impulse, die jetzt folgen, dienen der Einübung einer neuen Wahrnehmung Ihrer Biographie. Am Ende der Übungsreihe verbinden sich die Impulse mit den Meditationen, die Ihnen aus dem vierten Kapitel schon vertraut sind.

Lesen Sie bitte im vierten Kapitel[180] nach, was ich grundsätzlich zur Meditation und zum Vollzug der einzelnen Übungen geschrieben habe.

Geben Sie die gewohnte Art des Lesens auf, und nehmen Sie sich Zeit, die Impulse in eigentliche Übungen umzusetzen. Halten Sie sich an den vorgegebenen Ablauf der Reihe und den Aufbau der einzelnen Übungen, außer wenn Sie deutlich bemerken, dass ein Impuls bei Ihnen etwas anderes als das Vorgesehene auslöst und das Ausgelöste dringend Raum braucht. Widmen Sie sich ebenfalls der Vorbereitung und der Nacharbeit.

ÜBUNG 1   **Die Kraft der Entscheidung**

Oft stehen wir vor Entscheidungen, vor großen und kleinen Entscheidungen. Wir suchen nach Unterstützung, nach Zeichen und Hinweisen, die uns die Entscheidung erleichtern könnten. Doch sie bleiben aus. Erst im Nachhinein, wenn wir die Energie erleben, die durch die Entscheidung frei geworden ist, wird uns deutlich, dass wir »aus dem Bauch heraus« richtig entschieden haben.

Es gibt auch Entscheidungssituationen, in denen wir uns wie blockiert vorkommen, die Argumente, die Gefühle, die Intuition, nichts will greifen, nur der mutige Schritt in die Entscheidung hinein hilft weiter.

Vorbereitung:
Wählen Sie aus Ihrem Leben eine Situation aus, in der Sie eine wichtige Entscheidung treffen mussten, eine Entscheidung, von der Sie heute annehmen, dass sie richtig war.

Vergegenwärtigen Sie sich, was Sie damals an Argumenten, an Sicherheit und Unsicherheit erfüllt hat, wie Sie schließlich die Entscheidung gefällt haben und wie diese Sie weitergebracht hat. Versuchen Sie, es filmartig zu sehen.

Impuls:
1. Vollziehen Sie langsam die drei Grundschritte. Lassen Sie sich Ihren Körper und die Atembewegung bewusst werden. Entdecken Sie dann jenen Körperbereich, der bereits die Stille, den Frieden, die Harmonie kennt, und unterstützen Sie ihn, damit diese Empfindung in Ihnen Raum bekommt.
2. Lassen Sie mehrfach, wie einen inneren Film, Ihre damalige Situation wieder lebendig werden. Noch wichtiger als die »bildhafte« Vergegenwärtigung ist die energetische: Spüren Sie den Gefühlen und der Kraft nach, die damals mit der Entscheidung zusammengingen. Können Sie diese Gefühle und diese Kraft in Ihrem Körper auch jetzt verorten?

3. Dehnen Sie diese Gefühle und diese Kraft in Ihrem ganzen Körper aus. Hüllen Sie sich in diese Kraft ein, gestehen Sie sich zu: »In jeder Entscheidung liegt eine innere Kraft.«

Nacharbeit:
Ergänzen Sie die ausgewählte Situation mit weiteren Lebenssituationen, auf die Sie, ähnlich begründet, in Dankbarkeit zurückblicken können. Vielleicht legen Sie sich ein »Verzeichnis gelungener Entscheidungen« an.

Es ist selbstverständlich, dass es in Ihrem Leben auch Situationen gibt, bei denen Sie heute nicht sicher sind, ob Sie sich richtig entschieden haben, oder von denen Sie heute sogar mit Sicherheit wissen, dass Ihre Entscheidung falsch war. Dies sich einzugestehen gehört zu den Realitäten unseres Lebens; es braucht nicht verdrängt zu werden; doch für eine Meditation eignet sich eine Entscheidung, die positiv bewertet werden kann, besser.

ÜBUNG 2 **Tragfähige Gegenwart**

Je nach Lebensgefühl und Einstellung nehmen wir leichter wahr, dass uns das Leben wenig Ruhe lässt. Ständig warten Veränderungen auf uns, geht es weiter, müssen wir Entscheidungen treffen. Das Leben ist im Fluss: Einiges kommt auf uns zu, anderes verabschiedet sich aus unserem Leben.

Vorbereitung:
Halten Sie, am besten schriftlich, fest, welche Veränderungen im Moment bei Ihnen anstehen. Beginnen Sie mit dem, was festzustehen scheint; notieren Sie dann, was sich aus Ihrem Leben wegbegibt und dadurch Raum schafft; skizzieren Sie schließlich, was in Ihrem Leben mehr Raum will.

Impuls:
1. Vollziehen Sie langsam die drei Grundschritte. Lassen Sie

sich Ihren Körper und die Atembewegung bewusst werden. Entdecken Sie dann jenen Körperbereich, der bereits die Stille, den Frieden, die Harmonie kennt, und unterstützen Sie ihn, damit diese Empfindung in Ihnen Raum bekommt.

2. Betrachten Sie – wie einen Film auf einer Leinwand vor Ihnen, leicht distanziert –, was in Ihrem Leben in Ruhe und was in Bewegung ist. Nehmen Sie nicht Stellung, und bewerten Sie nicht! Bleiben Sie bei einem bloßen Betrachten. Und erspüren Sie die Kraft, die dank dieser Betrachterposition in Ihnen wach werden kann: Sie sind Teil der Bewegung und gleichzeitig außerhalb der Bewegung. Sie können mit der Bewegung mitgehen und umgehen.

3. Verweilen Sie bei der Kraft. Hüllen Sie sie ein mit der dankbaren Einsicht: »Der Fluss meines Lebens trägt mich.«

Nacharbeit:
Der Fluss Ihres Lebens: Nehmen Sie sich Zeit, diesen Fluss möglichst farbig zu gestalten.

Eine solche künstlerische Gestaltung kann ihnen zudem helfen, Hoffnungen und Ängste besser zu verarbeiten als bei der eigentlichen Meditationsübung, die Affekte und Gefühle eher ausblendet.

Übung 3   Die Kraft zur Entscheidung

Es gibt nicht nur den Fluss, in dem wir mittreiben; es gehört ebenso zu unseren Lebenswahrheiten, dass wir mitentscheiden und mitgestalten, dass wir Veränderungen vorantreiben müssen.

Vorbereitung:
Vergegenwärtigen Sie sich Ihre aktuelle Lebenssituation:

- Werden Ihnen Entscheidungen abverlangt, die Sie schon längere Zeit vor sich herschieben?
- Liegt das Zögern in Ihrem Wesen oder in der Sache?

Wählen Sie eine Entscheidung bzw. Veränderung, die für Sie jetzt aktuell ist. Halten Sie sich vor der Meditation schriftlich fest, was Ihrer Meinung nach für die eine und was für die andere Seite, für die Veränderung oder gegen die Veränderung spricht – diese Vorarbeit erleichtert es Ihnen, während der Meditation selber disziplinierter mit Gedankenabläufen umzugehen.

Impuls:

1. Vollziehen Sie langsam die drei Grundschritte. Lassen Sie sich Ihren Körper und die Atembewegung bewusst werden. Entdecken Sie dann jenen Körperbereich, der bereits die Stille, den Frieden, die Harmonie kennt, und unterstützen Sie ihn, damit diese Empfindung in Ihnen Raum bekommt.
2. Vergegenwärtigen Sie sich die Entscheidung bzw. die Veränderung, die Sie für die Meditation gewählt haben. Versuchen Sie, wie bei einem Film zu sehen, wie die Konsequenzen der Entscheidung Sie zu einem unterschiedlichen Verhalten führen. Und erspüren Sie, mit welcher Energie die jeweilige Konsequenz verbunden ist. Nehmen Sie die Intensität der Kraft wahr. Auf welche Seite werden Sie gezogen?
3. Verweilen Sie bei der Kraft. Hüllen Sie sie ein mit der dankbaren Einsicht: »Die Entscheidung hat die tragende Kraft in sich.«

Nacharbeit:

Halten Sie fest, zu welcher Entscheidung die Meditation Sie gelenkt hat, und überprüfen Sie sie anhand Ihrer Verstandes- und Gefühlsargumente. Stimmt sie energetisch und auf der Ebene der Vernunft?

ÜBUNG 4 **Lebensthema**

Eine Spur zum inneren Meister führt auch über diejenigen
Themen, die uns über weite Strecken des Lebens begleiten,
sei es, dass sie uns in der Auswahl unseres Partners oder
Partnerin, unserer Freundschaften und nächsten Beziehungen, unseres Berufes bestimmen, sei es, dass wir immer
wieder auf sie gestoßen werden wie auf eine Aufgabe, der
wir nicht ausweichen können.

Vorbereitung:
Wählen Sie für die Meditation wenn möglich ein Lebensthema aus, das für Sie nicht problembehaftet ist, das
Sie seit Jahren begleitet wie ein Refrain, wie ein Motiv, das
aus einem Musikstück gar nicht mehr wegzudenken ist.
Vergegenwärtigen Sie sich zwei oder drei Situationen, in
denen es unüberhörbar mit dazu gehörte.

Impuls:
1. Vollziehen Sie langsam die drei Grundschritte. Lassen Sie
   sich Ihren Körper und die Atembewegung bewusst werden. Entdecken Sie dann jenen Körperbereich, der bereits die Stille, den Frieden, die Harmonie kennt, und unterstützen Sie ihn, damit diese Empfindung in Ihnen
   Raum bekommt.
2. Vergegenwärtigen Sie sich das Lebensthema, das Sie gewählt haben, anhand von zwei oder drei Situationen.
   Welche Gefühle klingen in Ihnen an, wenn Sie sich dieses Themas bewusst werden?
3. Stellen Sie sich das Lebensthema wie einen Lichtstrahl
   vor, der die zwei oder drei Situationen miteinander verbindet. Lassen Sie sich – als Raum, den Sie durch die
   Grundschritte gebildet haben – von diesem Licht erfüllen.

Nacharbeit:
Vermutlich sind nicht alle Ihre Lebensthemen von dersel-

ben Qualität wie das Thema, das Sie meditiert haben. Wenn Sie auch andere, stärker problembehaftete Lebensthemen meditieren möchten, braucht es einiges an Vorbereitung, vor allem eine gedankliche Klärung und Versöhnung, damit während der Meditation keine Verbitterung (etwa über den Zwang zur Wiederholung) hochkommt.

Bleiben Sie vorläufig beim Thema, das Sie gewählt haben; beziehen Sie andere Themen nur mit ein, wenn Sie über sehr viel Erfahrung in Meditation verfügen.

ÜBUNG 5 **Lebenssehnsucht**

Ähnlich wie die Lebensthemen können uns die Sehnsüchte treu bleiben – als ob sie für uns mehr Kraft besitzen würden, solange wir sie in der Form der Sehnsucht behalten und nicht realisieren, als ob sie uns, realisiert, gefährlich werden könnten.

Vorbereitung:
Wählen Sie für die Meditation eine Sehnsucht aus, die für Sie nicht problembehaftet ist, eine Sehnsucht, die mitschwingt wie eine noch nicht voll ausgeschöpfte Kraft, wie ein musikalisches Thema, das jederzeit in die Melodienfolge eingearbeitet werden könnte. Vergegenwärtigen Sie sich zwei oder drei Situationen, in denen diese Sehnsucht in Ihnen gerne wach wird und Sie bestimmt.

Impuls:
1. Vollziehen Sie langsam die drei Grundschritte. Lassen Sie sich Ihren Körper und die Atembewegung bewusst werden. Entdecken Sie dann jenen Körperbereich, der bereits die Stille, den Frieden, die Harmonie kennt, und unterstützen Sie ihn, damit diese Empfindung in Ihnen Raum bekommt.
2. Vergegenwärtigen Sie sich die Lebenssehnsucht, die Sie gewählt haben, anhand von zwei oder drei Situationen.

Welche Gefühle klingen in Ihnen an, wenn Sie sich dieser Sehnsucht bewusst werden?

3. Stellen Sie sich diese Sehnsucht wie einen Lichtstrahl vor, der die zwei oder drei Situationen miteinander verbindet. Lassen Sie sich – als Raum, den Sie durch die Grundschritte gebildet haben – von diesem Licht erfüllen. Stellen Sie sich vor, dass Sie dieses Licht ausdehnen können: Umgeben Sie sich damit, erfüllen Sie damit den Raum, in dem Sie sich befinden.

Nacharbeit:

Nehmen Sie sich nach der Meditation Zeit, sich auszumalen, was geschehen, was sich verändern würde, wenn Sie die Verwirklichung Ihrer Sensucht anstreben würden.

Kann es sein, dass sich, bei einer guten Art von Kompromissbereitschaft, Ihre Sehnsucht wenigstens teilweise verwirklichen lässt?

Oder empfinden Sie einen solchen Kompromiss als Verrat an Ihrer Sehnsucht?

Erleben Sie Ihre Sehnsucht als Antriebskraft für Bereiche Ihres Lebens, die mit dieser Sehnsucht selbst gar nichts zu tun haben?

Übung 6 **Lebensschmerz**

Ich meine mit »Schmerz« hier nicht eine melancholische, depressive oder gar masochistische Tendenz, sondern jene wunde Stelle, an der wir für die dunkle, bedrohliche Seite des Lebens empfänglich sind. Bestimmten Menschentypen gelingt es, über Jahre diese Stelle zu schützen und aus dem Spiel zu lassen, bei anderen Menschen wird diese Wunde immer wieder berührt und aufgerissen, als ob sie den Schmerz anziehen würden.

In der buddhistischen Tradition ist diese Erfahrung von Leid zum Hauptschlüssel geworden, das Leben überhaupt zu verstehen.

In der christlichen Tradition ist diese Erfahrung zum Impuls geworden, sich dem leidenden Jesus zuzuwenden und ihn als Ausdruck der Solidarität mit allem Leid zu verehren.

Vorbereitung:
Vergegenwärtigen Sie sich eine Situation, in der Ihnen dieser Schmerz am Leben bewusst wurde. Tragen Sie alle sinnenhaften Erfahrungen zusammen, die in der Situation wichtig waren; versuchen Sie, sich möglichst präzise an die besondere Qualität des Schmerzes zu erinnern.

Impuls:
1. Vollziehen Sie langsam die drei Grundschritte. Lassen Sie sich Ihren Körper und die Atembewegung bewusst werden. Entdecken Sie dann jenen Körperbereich, der bereits die Stille, den Frieden, die Harmonie kennt, und unterstützen Sie ihn, damit diese Empfindung in Ihnen Raum bekommt.
2. Vergegenwärtigen Sie sich die Erfahrung des Schmerzes. Wie fühlte es sich für Sie an: sinnenhaft im Leben zu stehen und doch diesem Schmerz ausgesetzt zu sein? Gibt es Situationen, in denen der Schmerz stärker wird bzw. abnimmt? Welche Gefühle klingen in Ihnen an, wenn Sie sich jetzt, in der Meditation, dieses Schmerzes bewusst werden?
3. Stellen Sie sich auch diesen Schmerz wie einen Lichtstrahl vor, der sich durch Ihr Leben zieht. Lassen Sie sich – als Raum, den Sie durch die Grundschritte gebildet haben – von diesem Licht erfüllen. Stellen Sie sich vor, dass Sie dieses Licht ausdehnen können: Umgeben Sie sich damit, erfüllen Sie damit den Raum, in dem Sie sich befinden. Schaffen Sie so einen Lichtraum, in dem auch der Schmerz anderer geborgen werden kann.

Nacharbeit:
Vermutlich haben Sie es selbst festgestellt: Es handelt sich

um eine Meditationsübung, die sehr behutsam angegangen werden muss. Bestimmen Sie klug ihr Ausmaß.

Können Sie das folgende kleine Gedicht von Werner Lutz mit Ihrer Meditation zusammenbringen?

> Es geht nicht darum recht zu haben
> es geht um die Wunde
> durch die der Tod uns betreten wird[181]

Übung 7   Basis

Die meisten Menschen, die spirituell unterwegs sind, haben in ihrer Kindheit oder Jugend bereits eine oder mehrere Personen erlebt, die sie angeregt und auch auf spiritueller Ebene angesprochen haben. Oft hat eine solche Person etwas wie ein Grundmuster hinterlassen und einen Erlebnishorizont eröffnet.

Vorbereitung:
Wählen Sie für die Meditationsübung jemanden aus, der für Sie in Ihrer Kindheit oder Jugend zu einem spirituellen Impuls wurde. Ob diese Person lange Zeit oder nur kurz in Ihrem Leben gegenwärtig war, ist nebensächlich; nebensächlich ist ebenfalls, ob Ihnen damals die Bedeutung dieses Impulses schon bewusst war oder nicht.

Vergegenwärtigen Sie sich diese Person möglichst sinnenhaft:

- Welche Züge bestimmen ihr Gesicht?
- Wie klang ihre Stimme?
- Was zählte zu ihren Eigenarten?
- Was verband Sie mit dieser Person?

Impuls:
1. Vollziehen Sie langsam, auf gewohnte Art die drei Grundschritte.

2. Vergegenwärtigen Sie sich die Person, die Sie gewählt haben. Verweilen Sie im inneren Kontakt mit der Person so, wie sie sich jetzt in der Erinnerung einstellt.

3. Versuchen Sie das, was Ihnen diese Person mitgegeben und vermittelt hat, in einem Satz oder Bild oder einem atmosphärischen Eindruck zusammenfließen zu lassen. – Hüllen Sie das Empfangene mit Ihrer Vorstellungskraft in Licht ein, und geben Sie dem Licht den Charakter der Dankbarkeit.

Nacharbeit:
Nehmen Sie sich Zeit, dem nachzugehen, ob und wie dieser Satz, dieses Bild, dieser atmosphärische Eindruck sich in den darauffolgenden Jahren bei Ihnen wieder eingestellt hat, vielleicht auch ähnliche Sätze, Bilder, Eindrücke nach sich gezogen hat. Notieren Sie sich solche Zusammenhänge.

ÜBUNG 8 Initiation

Bei dieser Übung geht es um jene Person, die Sie im eigentlichen Sinn auf einen spirituellen Weg mitgenommen und eingeführt hat. Stellen Sie sich unter »Initiation« nicht etwas Spektakuläres vor. Vielleicht bestand die Aufgabe dieser Person lediglich darin, Ihnen die Schritte der Meditation zu eröffnen oder die Sehnsucht nach Stille zu wecken oder Sie zu mehr Bewusstheit zu ermutigen. Auch wenn Sie jetzt einen eigentlichen Schulungsweg praktizieren und zu Beginn dieses Weges initiiert worden sind, würde ich Ihnen anraten, bei der Auswahl der Person eher noch weiter zurückzugehen, bis hin zu den vielleicht noch diffusen, tastenden Anfängen Ihres Weges.

Vorbereitung:
Wählen Sie die Person aus, die Sie in Ihre Meditation einbeziehen möchten.

Vergegenwärtigen Sie sich auch diese Person möglichst sinnenhaft:

• Welche Züge bestimmen ihr Gesicht?
• Wie klang ihre Stimme?
• Was zählte zu ihren Eigenarten?
• Was verband Sie mit dieser Person?

Impuls:
1. Vollziehen Sie langsam, auf gewohnte Art die drei Grund-schritte.
2. Vergegenwärtigen Sie sich die Person, die Sie gewählt haben. Verweilen Sie im inneren Kontakt mit der Person so, wie sie sich jetzt in der Erinnerung einstellt.
3. Versuchen Sie das, was Ihnen diese Person als Initiation mitgegeben hat, wieder lebendig werden zu lassen. Spü-ren Sie der Kraft nach, die damals mit diesem Neubeginn verbunden war. War für Sie im empfangenen Impuls etwas vorhanden, das über Sie und diese Person hinaus-ging? – Hüllen Sie das Empfangene mit Ihrer Vorstel-lungskraft in Licht ein, und geben Sie dem Licht den Charakter der Dankbarkeit.

Nacharbeit:
Nehmen Sie sich Zeit für ein inneres, »nur« phantasiertes Gespräch mit der Person, die Sie meditiert haben. Erzählen Sie ihr, was aus dem Impuls von damals geworden, aber auch nicht geworden ist. Ob und wie Sie immer und immer wieder an diesem Impuls angeknüpft haben. Oder ob er untergetaucht war und später in ganz anderer Form in Ihrem Leben wieder aktuell wurde …

ÜBUNG 9   **Führung**

Bei dieser Meditationsübung sollten Sie sich die Person vergegenwärtigen, die zu diesem Zeitpunkt für Sie spirituell
am bedeutungsvollsten ist. Das kann ein Meister oder eine
Meisterin im eigentlichen Sinn sein, vielleicht handelt es
sich um einen Kursleiter, eine Referentin, einen Buchautor,
einen Menschen aus Ihrem täglichen Leben. Ob diese Person ihre »Führungsaufgabe« Ihnen gegenüber bewusst oder
unbewusst ausübt, ist für die Meditation unerheblich.

Vorbereitung:
Wählen Sie vor der Meditationsübung die Person aus, die
Sie einbeziehen möchten.
   Vergegenwärtigen Sie sich auch diese Person möglichst
sinnenhaft:

• Welche Züge bestimmen ihr Gesicht?
• Wie klingt ihre Stimme?
• Was zählt zu ihren Eigenarten?
• Was verbindet Sie mit dieser Person?

Impuls:
1. Vollziehen Sie langsam, auf gewohnte Art die drei Grundschritte.
2. Vergegenwärtigen Sie sich die Person, die Sie gewählt
   haben. Verweilen Sie im inneren Kontakt mit der Person.
3. Geben Sie dem, was diese Person Ihnen vermittelt, innerlich Raum. Gibt es in dem, was Sie von ihr empfangen, etwas, was über Sie und diese Person hinausreicht? – Hüllen Sie das Empfangene mit Ihrer Vorstellungskraft in
   Licht ein, und geben Sie dem Licht den Charakter der
   Dankbarkeit.

Nacharbeit:
Klären Sie für sich die folgenden Fragen:

- Haben Sie den Eindruck, dass diese Person Ihnen auf spiritueller Ebene noch mehr geben könnte, als sie Ihnen bisher vermittelte?
- Liegt es an ihr oder an Ihnen, den Schritt auf dieses »Mehr« hin zu eröffnen?
- Falls Sie den Eindruck haben, dass sich Ihre Beziehung auf spiritueller Ebene erschöpft hat: Auf welche Art können Sie die Beziehung lösen, sodass Ihre Dankbarkeit für das Empfangene deutlich wird, aber auch Ihr Wille weiterzugehen?

Übung 10 **Einverstanden mit dem Atem**

Bei der folgenden Meditation verweilen Sie bei dem, was als zweiter Grundschritt beschrieben wurde und in der Übung 2[182] im vierten Kapitel im Vordergrund stand. Zusätzlich verbinden Sie mit der Atembewegung eine bestimmte innere Haltung, die im Ja zum Ausdruck kommt. Versuchen Sie, bei jedem Ausatmen die Atembewegung und dieses innerlich gesprochene Ja, ein lange gedehntes Ja, miteinander zu verbinden, sodass Atem und Klang zusammengehen. Angeregt und getragen durch das Wort Ja, geben Sie sich mit dem Atem einverstanden. – Nehmen Sie dieses Einverständnis nicht als Anlass, innerlich zu diskutieren, womit Sie in Ihrem Leben einverstanden sein können und womit nicht. Bleiben Sie ganz einfach beim Atem und beim Ja zum Atem.

Vorbereitung:
Vermutlich ist es für die Meditationsübung von Vorteil, wenn Sie die Übung 2 im vierten Kapitel noch einmal wiederholen, sei es als Meditation, sei es als Entspannungsübung im Liegen. Nehmen Sie dabei Ihren Atemrhythmus möglichst gut wahr.

Impuls:
1. Vollziehen Sie langsam, auf gewohnte Art die drei Grundschritte.
2. Kehren Sie zum zweiten Grundschritt zurück. Nehmen
   Sie den Atemfluss, den Atemrhythmus wahr. Verbinden
   Sie mit dem Ausatmen ein innerlich gesprochenes, gedehntes, klangvolles Ja.
3. Stellen Sie sich hinter oder in Ihr Ja. Lassen Sie sich immer grundsätzlicher mit der Atembewegung und mit
   dem jeweiligen Augenblick einverstanden sein.

Nacharbeit:
Halten Sie fest, wie es Ihnen mit der Übung gegangen ist,
um bei einer anderen Gelegenheit darüber zu reflektieren.

- Blieb Ihr Ja ein einfaches, auf den Atem bezogenes Ja?
- Schwangen andere Bereiche Ihres Lebens plötzlich in die-
  sem Ja mit?
- Kam das selbstverständlich?
- Stellten sich Widerstände gegen dieses Ja oder die Aus-
  weitung des Ja auf andere Lebensbereiche ein?
- Wie sind Sie während der Meditation damit umgegangen?

ÜBUNG 11 Einverstanden mit dem Leben

Es ist für mich selbstverständlich, dass es in jedem Leben
beides gibt: Ereignisse und Vorkommnisse, Situationen und
Konstellationen, auf die wir gerne zurückblicken, aber
auch solche, die wir am liebsten ungeschehen machen
würden. Wählen Sie für die Übung bewusst drei bis vier
Episoden aus, mit denen Sie gern einverstanden sind. – Die
vorangegangenen Übungen haben Ihnen sicher den Blick
für solche Erfahrungen geöffnet. – Bleiben Sie während der
Übung bei diesen ausgewählten Episoden.

Sie dürfen allerdings nicht überrascht sein, wenn Sie
während der Übung merken, dass sich auch andere Ereig-

157

nisse in Ihr Ja drängen möchten, Ereignisse, die Ihr Ja in Frage stellen. Versuchen Sie wahrzunehmen, wozu Sie die Kraft besitzen:

• um bei den ausgewählten Episoden zu bleiben und die andern wieder auszuladen, weil sie jetzt nicht an der Reihe sind;
• um das Ja auch auf das eine und andere Ereignis, das widersprüchlich und schmerzhaft ist, auszudehnen, weil es mit zu Ihrem Leben gehört;
• um das Ja grundsätzlich zu sprechen, weil alles, was Sie bisher erlebt und durchlebt haben, die Basis für Ihren weiteren spirituellen Weg bildet und als solche Basis auch bejaht werden kann.

Vorbereitung:
Wählen Sie aus Ihrem Leben drei bis vier Episoden aus, auf die Sie gerne zurückblicken und die Sie problemlos in Ihr Ja zum Atem miteinbeziehen können.

Impuls:
1. Vollziehen Sie langsam, auf gewohnte Art die drei Grundschritte.
2. Kehren Sie zum zweiten Grundschritt zurück. Nehmen Sie den Atemfluss, den Atemrhythmus wahr. Verbinden Sie mit dem Ausatmen ein innerlich gesprochenes, gedehntes, klangvolles Ja.
3. Vergegenwärtigen Sie sich von Zeit zu Zeit eine der ausgewählten Episoden Ihres Lebens und verbinden Sie diese Erfahrung mit dem Ausatmen und Ihrem Ja.

Nacharbeit:
Halten Sie fest, wie es Ihnen mit der Übung gegangen ist, um bei einer anderen Gelegenheit darüber zu reflektieren.

• Konnten Sie bei der Atembewegung, bei den ausgewählten Episoden und beim Ja bleiben?

158

- Oder wanderten Sie von den ausgewählten Episoden zu anderen Ereignissen Ihres Lebens weiter?
- Erinnerten Sie sich auch an Erfahrungen, die sich einem Ja versperren?
- Wie sind Sie damit umgegangen?
- Kam es zu überraschenden Verbindungen zwischen diesem Ja und einzelnen Momenten Ihres Lebens?

ÜBUNG 12 **Einverständnis und Hingabe**

Das regelmäßig mit dem Atem verbundene Ja kann dem einzelnen Augenblick den Charakter der Hingabe verleihen: Getragen durch die Gegenwart Gottes und ermutigt durch das bisherige Leben, spreche ich zu jedem Augenblick mein Ja, jetzt, während der Meditation, aber auch über die Meditation hinaus.

Vorbereitung:
Vermutlich ist es von Vorteil, wenn Sie die Übung 17[183] im vierten Kapitel wiederholen.

Impuls:
1. Vollziehen Sie langsam, auf gewohnte Art die drei Grundschritte.
2. Kehren Sie zum zweiten Grundschritt zurück. Nehmen Sie den Atemfluss, den Atemrhythmus wahr. Verbinden Sie mit dem Ausatmen ein innerlich gesprochenes, gedehntes, klangvolles Ja.
3. Ihre Atembewegung kehrt ständig wieder, sie besitzt als zyklische Bewegung etwas Grenzenloses. Dehnen Sie diese Eigenheit der Atmung auf Ihr Ja aus. Grenzen Sie es immer weniger ein.

Nacharbeit:
Achten Sie im Laufe der Tage darauf, wie diese Übung weit über die Meditationszeit hinaus Ihren Atem verändert

und dieser neue Atem wiederum Ihre Lebensweise verändert …

Was fällt Ihnen auf?

ÜBUNG 13   **Raum für Gott**

Betrachten Sie Ihre Präsenz in der Atmung und in der Stille als Raum, in dem Gott aktiv werden kann bzw. schon immer aktiv war.

Vorbereitung:
Kennen Sie ein Gebet, das für Sie die Offenheit für Gottes Wirken gut zum Ausdruck bringt?

Wenn Ihnen kein solches Gebet vertraut ist, dann versuchen Sie selber die Worte dafür zu finden. Sprechen Sie dieses Gebet jeweils zu Beginn und am Ende jeder Meditation.

Impuls:
1. Vollziehen Sie langsam, auf die gewohnte Art die drei Grundschritte.
2. Verweilen Sie beim dritten Grundschritt, vertiefen Sie den Raum der Stille, des Schweigens.
3. Schützen Sie diesen Raum des Schweigens: In ihm vollzieht sich Gottes Wirken an und in Ihnen, unabhängig davon, ob dies Ihnen bewusst wird oder nicht.

Nacharbeit:
Wenn es Ihnen schwer fällt, in der Meditation passiv zu verweilen und die Aktivität dem Andern zu überlassen, machen Sie sich bewusst, dass die Meditation ein Teil des ganzen Tages ist und Sie in der restlichen Zeit des Tages sicher genug Raum für Ihre eigene Aktivität finden. Die Übung ist insofern wichtig, als wir erkennen sollten, dass unsere Aktivität nicht einfach mit Gottes Aktivität zusammenfällt.

Sie können sich für diese Meditation bewusst Elemente aus früheren Übungen wieder vornehmen, Elemente, die sich eignen, in ihnen Gottes Wirken zu sehen. Sie können den Akzent aber auch auf die Stille und das Schweigen legen und erst dann, wenn Ihnen irgendetwas aus Ihrem aktuellen oder früheren Alltag einfällt und es sich Ihnen aufdrängt, dieses Ereignis auf Gottes Wirken hin betrachten.

Vorbereitung:
Stärken Sie sich mit dem Gebet, das Sie für sich entdeckt haben.

Impuls:
1. Vollziehen Sie langsam, auf die gewohnte Art die drei Grundschritte.
2. Verweilen Sie beim dritten Grundschritt, vertiefen Sie den Raum der Stille, des Schweigens.
3. Bleiben Sie in diesem Raum der Stille, des Schweigens, dehnen Sie ihn aus. Sollte sich irgendein Ereignis aus Ihrem Alltag in diesem Raum groß machen, lassen Sie es zu, verbinden Sie es mit dem Wirken Gottes, das für Sie diesen Raum der Stille prägt, und lassen Sie das Ereignis dann los, kehren sie ganz in den Raum des Schweigens zurück.

Nacharbeit:
Beschäftigen Sie sich mit dem Gebet, das Nikolaus von Flüe zugeschrieben wird. An welche Übungen und Erfahrungen erinnern Sie die einzelnen Strophen des Gebets:

> Mein Herr und mein Gott,
> nimm alles von mir,
> was mich hindert zu Dir.
>
> Mein Herr und mein Gott,
> gib alles mir,
> was mich führet zu Dir.

Mein Herr und mein Gott,
nimm mich mir
und gib mich ganz zu eigen Dir.

Vielleicht kann es Ihnen auch als Vorlage für eine eigene Meditation dienen.

ÜBUNG 15 **Verbundenheit**

Wählen Sie für die Meditation einen kleinen oder größeren Abschnitt des aktuellen oder vorangegangenen Tages.

Vorbereitung:
Beschäftigen Sie sich mit dem gewählten Abschnitt, noch bevor Sie in die Meditation gehen, und zwar in dem Sinn, dass Sie, soweit das überhaupt möglich ist, nach den Verursachern und Gründen der einzelnen Ereignisse fragen.

Impuls:
1. Vollziehen Sie langsam, auf die gewohnte Art die drei Grundschritte.
2. Verweilen Sie beim dritten Grundschritt, vertiefen Sie den Raum der Stille, des Schweigens.
3. Lassen Sie den gewählten Tagesabschnitt wie einen Film ablaufen, möglichst kommentarlos. Bleiben Sie selber mit Ihrem Bewusstsein im Raum der Stille und des Schweigens. Lassen Sie alles, was geschehen ist, unabhängig davon, ob Sie oder irgendjemand anderer die Dinge ausgelöst und verursacht haben, in der Präsenz Gottes aufgehen. Kehren Sie immer wieder in den Raum der Stille, des Schweigens zurück.

Nacharbeit:
Wenn es für Sie stimmt, können Sie in derselben Art auch nach vorwärts »träumen« und Ihre Zukunft bewusst als eine Zeit in Empfang nehmen, die nichts anderes will, als Sie mit Gott zu verbinden.

Die Bewegung des Lichtes

Der ferne, verborgene Körper, nah zuweilen und weniger verborgen: Heimstatt, könnte man sagen, eines übernatürlichen Lichts.

Philippe Jaccottet[184]

Ist es ein langer Weg: vom Beginn des Buches bis zu diesem letzten Kapitel? Ich kann mir denken, dass für Leser und Leserinnen, die sich zum ersten Mal mit dem Thema beschäftigen, die Vielfalt im Vordergrund steht, die Vielfalt der spirituellen Wege und die Vielfalt von außen und innen, eine gelegentlich verwirrende Vielfalt. Für andere wiederum mag bei der Lektüre der Eindruck entstanden sein: Letztlich geht es immer um dasselbe. Unabhängig davon, ob die Advaita-Philosophie oder der Weg der Derwische oder die mystische Tradition des Christentums im Vordergrund steht: Zentral ist die Wahrnehmung der inneren Führung, im Vertrauen darauf, dass Gott im tiefsten Grund des menschlichen Bewusstseins aktiv gegenwärtig ist. Zu dieser inneren Erfahrung hinzu kommt für die einen und anderen Menschen das beglückende und/oder bestürzende Erlebnis, dass ihnen in einem anderen Menschen die eigene Ahnung in vollendeter Gestalt gegenübertritt und sie auf ihrem Weg begleitet. Wiederum eine andere Gruppe von Lesern, so stelle ich es mir vor, hat sich vor allem auf die Übungen eingelassen und erfährt, dank der regelmäßigen Meditationspraxis, ein immer stärkeres Zusammenfinden von innerem Weg und konkretem Alltag.

Die beiden Hörspiele von Günter Eich standen am Anfang. Die eine Hauptfigur, Paul, sucht nach dem Schlüsselwort, das ihr den Sinn des Lebens eröffnet – sie hat es bereits gehört, wenn auch nicht verstanden –, und wird auf dieser Suche mit der Krankheit und dem Tod konfrontiert. Bilden gerade sie das Schlüsselwort, das wir angstfrei zu akzeptieren haben? Die zweite Hauptfigur, Hakim, hat den hundertsten Namen Allahs erfahren, und zwar auf Kosten

ihrer religiösen und kulturellen Erwartungen und Maßstäbe. Zudem kann sie den hundertsten Namen Allahs
nicht weitergeben, denn er ist kein Wissensgut, kein Code,
der übermittelt werden kann. Er lässt sich nur erfahren.

In den Impressionen wollte ich zeigen, dass in jenen spirituellen Wegen, in die ich selber ein wenig Einblick erhalten
durfte, die spirituelle Führung selbstverständlich angeboten
wird. Je nach kultureller Ausprägung und Zeitepoche spielen im einzelnen Führungssystem auch Faktoren mit, die
mit Gott wenig zu tun haben. Aber (fast) immer ist das Wissen vorhanden, dass die Führung durch einen Menschen im
Dienst der inneren Führung des Einzelnen steht. Ich habe
mehrfach auf das gut dokumentierte Leben von Henri Le
Saux Bezug genommen. Er ist für mich einer der faszinie-
rendsten Mystiker der Gegenwart. Seine Modernität besteht
nicht so sehr darin, dass er wie etwa Simone Weil die Gott-
verlassenheit unserer Zeit auszuhalten und mystisch durch-
zutragen hat. Sie findet sich vielmehr in seiner Position zwischen den Religionen – es ist heute niemandem mehr
möglich, so zu leben, als ob es nur seine Religion und diese
als die eine richtige Religion geben würde –, oder wohl besser gesagt: Sie findet sich am göttlichen Grund der Religionen. Als Mystiker dieses Grundes durchlebt er kurze Zeit vor
seinem Tod nicht nur die große Erfahrung – »Ich habe den
Gral entdeckt. Ich sage oder schreibe es allen, die dieses Bild
erfassen können. Die Suche nach dem Gral ist im Tiefsten
nichts anderes als die Suche nach dem Selbst«[185] –, sondern
wird er auch zum äußeren Meister.

In zwei Kapiteln stehen Übungsimpulse im Mittelpunkt.
Diese beiden Kapitel möchten anregen, über die gewohnte
Lektüre hinauszugehen und zu einer Meditationspraxis zu
finden bzw. die bisherige Meditationspraxis im Licht der Impulse zu nuancieren. Bei der einen Gruppe von Impulsen
geht es um die Sensibilisierung für den inneren Meister, für
die innere Führung, bei der anderen Gruppe um eine Rückschau in die eigene Biographie und die Einsicht, in welchem
Ausmaß das eigene Leben ein geführtes Leben ist.

Die Gegenwart des inneren Meisters ist für viele Menschen eine erfahrbare Realität, und zugleich ist es »nur« eine Metapher für eine Gotteserfahrung, die sich den Worten und Bildern immer wieder entzieht. Deshalb ist es nicht verwunderlich, dass neben der Metapher vom inneren Meister auch andere bildhafte Vorstellungen dieselbe Erfahrung einzukreisen versuchen. Es gibt spirituelle Traditionen, die es vorziehen, von der inneren Stimme zu sprechen, andere vom (göttlichen) Feuer, das einen Menschen erfasst – in den *Apophthegmata Patrum,* einer Sammlung von legendarischen Anekdoten und Weisungen der Wüstenväter und -mütter zu Beginn des christlichen Mönchtums wird öfters darauf hingewiesen, dass der eine und andere Mönch ganz wie Feuer ist oder sein Gesicht leuchtet wie die Sonne –, wieder andere vom Licht. Diese Metapher des Lichts soll nun im abschließenden Kapitel besprochen werden, allerdings nicht mehr anhand von religiösen oder spirituellen Texten, sondern anhand von Ausschnitten aus dem literarischen Werk von Philippe Jaccottet.

Philippe Jaccottet[186] hat im Jahr 2000 seinen 75. Geburtstag gefeiert. Er stammt aus der Westschweiz, ist in Moudon, einem Ort nördlich von Lausanne, auf die Welt gekommen und lebt seit 1953 in Grignan (Drôme, Frankreich). Er zählt als Dichter (vor allem Lyrik und Essays) und Übersetzer – er übersetzt aus fünf Sprachen und hat u. a. bedeutende deutschsprachige Autoren des 20. Jahrhunderts durch seine Übersetzungen in Frankreich bekannt gemacht – zu den Großen der französischen Literaturszene. Philippe Jaccottet ist im Zusammenhang mit unserem Thema deshalb von Interesse, weil er dank seiner genauen Wahrnehmungen und durch seine bildhafte und um Klarheit bemühte, reflektierte Sprache das Zusammengehen von innerer und äußerer Welt beschreiben kann. Was heute in der Literatur selten geworden ist, er kann es noch vermitteln: der Mensch, der von seiner natürlichen Umgebung (Landschaft, Ortschaft, Garten, Pflanzen, Tiere) wesentlich angesprochen wird. In den meist kurzen Texten von Philippe Jaccottet, in denen er das eigene Erleben festhält, strahlt die Erfahrung auf, dass der Mensch und die Natur sinnenhaft und sinnhaft aufeinander bezogen sind und wir Menschen dieser Sinnahnung trauen dürfen. Ohne dass die Natur auf das menschliche Maß reduziert oder in eine idyllische Verfügbarkeit umgewandelt wird, erlebt sich Philippe Jaccottet in der Natur aufgehoben und herausgefordert zugleich. Philippe Jaccottet spricht – bei der Beschreibung eines Kirschbaums, den er beim Eindunkeln erblickt – vom Band, vom Zusammenhang, der sich erschließt:

> Es gab ein Band zwischen den Blättern und der Nacht und dem etwas ferneren Fluß, den man nicht hörte; es gab noch ein anderes zwischen den Früchten und dem Feuer, dem Licht. Was uns angehalten hatte und zu uns zu sprechen schien am anderen Rand des vom Wind, wie ein bleicher Fluß, gekräuselten Feldes, glich ein wenig, ohne daß es aufhörte, ein fruchtbeladener Kirschbaum zu sein, dessen Art ich beim Nähertreten hätte erkennen können – so wie nichts um uns herum aufhörte, Weg, Feld und Himmel zu sein –, einem kleinen Naturdenkmal, das in seinem Herzen plötzlich durch das Öl einer Opfergabe erleuchtet worden wäre, eine Art Pfeiler, aber imstande zu beben, selbst wenn er in diesem Augenblick vollkommen reglos wirkte – geschmückt, für ein Sich-Erinnern, mit einer Traube aus Früchten, aus gezähmtem Feuer; so daß bei seinem Anblick, während man doch geglaubt hatte, nur über allzu vertraute Wege zu gehen, sich alles veränderte, alles einen anderen Sinn bekam, oder überhaupt erst einen Sinn.[187]

Philippe Jaccottet bevorzugt das Motiv des Lichtes, wenn er zum Ausdruck bringen will, wie sehr sein Bewusstsein, sein Herz, in der Wahrnehmung der Schöpfung die eigene Sinnfülle wahrnimmt, und zwar eine Sinnfülle, die ihn über das konkrete Ereignis hinaushebt. Ein Baum, ein Berg, eine Pflanze, das Schicksal eines Menschen können in ihm eine innere Entsprechung freilegen, die eine gegenseitige Zuordnung voraussetzt, eine Fügung. In solchen Entsprechungen erlebt er, im Bild des Lichtes, Gottes Gegenwart – wobei seine Art zu beschreiben es oft in der Schwebe lässt, ob die Quelle des Lichtes innen oder außen liegt.

So haben wir gelebt, gekleidet in einen Blättermantel;
dann wurde er löchrig und ging langsam in Fetzen.

Drüber kommt der Regen, unerschöpflich,
und verstreut die Sonnenreste im Schlamm.

Lassen wir das:
bald schon brauchen wir nur noch das Licht.[188]

Für ihn besonders eindrücklich ist die Verwandlung eines Bergs im Licht; er hat sie mehrfach beschrieben, zum Beispiel der Blick aus einem Hotelfenster über den Genfer See.

Die Berge Savoyens, schwebend über einem grauen See wie eine wahrhaft ungeheure Masse, die im Dunst oder im Überfluß des Lichts dahintriebe. [...]

Der Berg, so hoch, daß man aufschauen muß, um seine Gipfel zu erblicken, diese Masse, ungeheurlich wie eine aus nächster Nähe gesehene Kathedrale, wie eine Orgel aus Felsen und Eis, wie eine zinnenbewehrte Mauer, dieses Ding, das schwerer ist als jedes andere auf der Welt, beinah ein Monstrum, beinah der Tod ... so treibt er, in den Lüften schwebend, dahin und ist nur mehr eine große Wolke. [...]

Er ist und ist nicht mehr der Berg.

Hinweggezaubert, wie eine Taube im Nebelschleier?

Er ist immer noch Fels, Steine, Schnee, doch »weggerafft in den Himmel«. [...]

Nebel, oder zartes Übermaß an Licht, wohltuend: nichts lastet mehr auf einem (jedenfalls einstweilen), keine Mauer hält den Blick, die Schritte mehr auf. Wer klagte denn, im Gefängnis zu sein, wer bildete sich denn ein, begrenzt, unterworfen, gestraft zu sein? Wer hatte sich, beim Erwachen, mit krummem Rücken in seinem Spiegel gesehen? Wenigstens nicht in diesem Spiegel hier, Wasser und Dunst. [...]

Und dennoch: Er ist Berg und ist nicht mehr Berg, wie vielleicht der Tod, sofern sich nur ein gewisses Licht hineinmischt: Himmelfahrt, Verklärung, dahin also führt uns dieses vergängliche Trugbild. [...]

Was ich gesehen habe, ist etwas anderes. Ein bloßes Bild, eine Wolke aus Felsen und Eis; aber nicht irgendein Bild oder Trugbild. Oder wenn es doch ein Trugbild war, wird dieses Versprechen: »die Gerechten werden weggerafft in den Himmel«, auch mich leichter gemacht haben; diese große Felsenrose dort hinten, die man nun fast gar nicht mehr erkennt, habe ich verfolgt, ohne mich von hier fortzubewegen, grauer Rauchknoten im Nebel, Knoten, der entknotet – Lichtung, wie gern vermehrte man ihr luftiges Gewebe über den ganzen Horizont.[189]

167

Im Buch *Der Spaziergang unter den Bäumen* beschreibt er mehrere solche Erlebnisse. Sie spielen in und rund um Grignan, seinen Lebensort. Im letzten Drittel des Buches reflektiert er, typisch für seine Art zu schreiben, wie es heute überhaupt noch möglich ist, für solche Erfahrungen Sprache zu finden, wie in ihm die Sprache entsteht.

> Die Bilder, die zählen, sind jene, die ein vorerst noch unbestimmtes Gefühl uns auferlegt, das sich dann eben im Verlauf der Bemühung verdeutlicht. In diesem besonderen Fall kann ich nicht anders: ich muß annehmen, daß, wenn jene Augenblicke mich so tief berührt hatten, in denen das Licht die Welt zu verwandeln, und zwar in einem bestimmten Sinne zu verwandeln schien, so daß sie sich emporhob, leicht wurde, zwischen Himmel und Erde schwebte – daß diese täuschende Metamorphose einem tiefen Traum in mir entsprach und daß die fortschreitende Erhellung dieses Traumes, wie jede Klarheit, mich erheiterte. Das Geheimnis dieser Augenblicke war ein Geheimnis meiner Seele, und es hing wohl nah zusammen mit den Beziehungen dessen, was wir Materie und Geist nennen, eine Ahnung, daß jene diesem nicht völlig fremd sei, daß aber jedes von beiden ein verschiedener Zustand, der eine schwerer, der andere subtiler, einer einzigen und gleichen Energie sein möchte, und daß tief innen in mir ein Verlangen war, nichts zu zerreißen, sondern nur unmerklich mich zu verändern, um endlich eins zu werden mit der Luft. Es war demnach ganz natürlich, daß mich die Empfindung einer Öffnung, eines Übergangs so stark, so leicht auch, überkommen hatte; die Schönheit des Irdischen in diesen Augenblicken bestand darin, daß alles Ungeordnete sich aufhob zugunsten eines einfachen Steigens, einer elementaren, tiefen, trotz ihrer Unwirklichkeit unbezweifelbaren Aufwärtsbewegung, wie ein Bild, das lebte, Bild eines Gesetzes, und voller Zärtlichkeit doch und Anmut.[190]

Als Dichter möchte er dieses Licht und die durch das Licht ausgelöste Aufwärtsbewegung mit den Mitteln der Sprache weitergeben.

> In meinen Augenblicken der Gewissheit sah ich mich für einen Diener des Sichtbaren an, und nicht mehr für den, der es entziffert. In meiner Vorstellung strebte alle Materie danach, sich langsam zu verwandeln, sogar und vielleicht vor allem ihre niedrigsten und verachtetsten Bestandteile; ich dachte, daß sie unseren Geist zu Hilfe rufe, um sie ihrer Schwere zu entreißen; daß sie danach verlange, durch uns hindurch-

zugehen, aus unserem Munde wieder hervorzugehen; als ob alle Dinge bestrebt wären, immer zarter und lichter zu werden, dank der Liebe, die sie uns einflößen, ohne Unterlaß aufzusteigen einer Art Gipfel zu; und wenn dieser Gipfel erreicht wäre, würde alles Leid, alle Bewegung, alle Rede von selber in einen Zustand hinein erlöschen, den beschwören oder gar begreifen zu wollen, völlig vergeblich wäre. Die (vorläufige) Antwort auf all meine Fragen war also, [...] in aller Einfalt [...] das Leben aller Menschen zu leben, mit offenen Augen; die Welt inständig zu schauen, sie zu lieben in ihrer sterblichen Gestalt, ohne jedoch zu vergessen, daß dieses Schauen, diese Liebe, diese Geduld in einer zugleich erfreulichen und schwierigen Arbeit auf die immer strahlendere Verherrlichung des Lichtes gerichtet sind; und daß das Licht vielleicht, in seiner höchsten Verfeinerung, das Werkzeug des Hinübergangs ist zu dem, was dann weder Licht noch Dunkel sein kann.[191]

Was Philippe Jaccottet als seine dichterische Berufung beschreibt, ist für mich übertragbar auf die spirituelle Suche eines jeden Menschen. Auch bei ihr geht es um die Wahrnehmung des Lichtes, um eine Verwandlung. Ihr entscheidender Impuls kommt aus unserem Innern. Jemand, der wach und aufmerksam lebt, kann erleben, dass ihm derselbe Impuls auch von außen entgegenkommt: durch Vorgänge in der Natur, durch Begegnungen. Das heißt: Gültig kann auch die andere Formulierung sein, die den entscheidenden Impuls im Außen erwartet – die Wahrnehmung des inneren Lichtes kann vorerst wie verschlossen bleiben –, um dann zu erleben, dass derselbe Impuls schon lange im Innern wirkt.

Ja, ja, das ist's,
das ist's!
rief sie aus.

Und ihr Gesicht schien erleuchtet
von etwas, das ihr entgegensah.[192]

Anmerkungen

1 Marie-Madeleine Davy: Die Wandlung des inneren Menschen. Der Weg zum wahren Selbst. © Otto Müller Verlag, Salzburg, 1. Auflage 1986, S. 98.

2 Da es zu den Idealen der Kartäusermönche gehört, sich aus der Öffentlichkeit zurückzuziehen und anonym zu bleiben – sogar wenn sie als spirituelle Autoren mit ihren Werken von sich reden machen –, respektiere ich dieses Ideal, indem ich den Pater namenlos lasse.

In einer Kartause schließen sich Mönche zu einer Gemeinschaft zusammen, die als Eremiten leben; jeder von ihnen bewohnt ein kleines Haus, die Elemente des Gemeinschaftslebens (gemeinsames Gebet und gemeinsame Mahlzeiten), die in anderen Klöstern eine entscheidende Rolle spielen, sind bei den Kartäusern auf ein Minimum reduziert. Der Kontakt zur Außenwelt, auch zur eigenen Familie, wird möglichst abgebrochen.

3 Tetsuo Nagaya Kiichi Roshi wird als Zen-Meister und Meister der Kalligraphie (»Tuschspuren«) porträtiert in: Tetsuo Nagaya Kiichi Roshi: Tuschspuren – Bokuseki. Vorwort und Einleitung von Edgar Thriemer, Zusammenstellung der Bilder und Texte von Folker Frank und Edgar Thriemer. Theseus, Zürich 1985.

4 Eine neue und sehr empfehlenswerte Auseinandersetzung mit Ramana Maharshi bietet Felix Helg: Psychotherapie und Spiritualität. Östliche und westliche Wege zum Selbst. © Walter Verlag, Düsseldorf/ Zürich 2000.

5 Seine Werke (im Original französisch oder englisch) sind teilweise auch auf Deutsch erschienen. Vgl. die Bibliographie.

6 Da ich mich bei den unterschiedlichen psychologischen und therapeutischen Richtungen nur wenig auskenne, bleibt die Auseinandersetzung mit ihren Begriffen und Vorstellungen ganz am Rande.

7 Spanische Autoren. Die 98er Generation. Aus dem Spanischen von Erna Brandenberger © für die deutschsprachige Ausgabe 1977 Deutscher Taschenbuch Verlag, München.

8 Günter Eich: Das Jahr Lazertis. Aus: Gesammelte Werke. Bd. II, Die Hörspiele 1, © Suhrkamp Verlag, Frankfurt a. M. 1973, S. 675f.

9 Günter Eich hat die erste Fassung des Hörspiels 1953 geschrieben, sie wurde 1954 gesendet; 1958 hat er das Hörspiel überarbeitet; diese zweite Fassung ist in den Gesammelten Werken wiedergegeben.

10 Ebd., S. 676.

11 Ebd., S. 679.

12 »Richards: Besser übrigens, Sie kämen nicht wieder, als daß Sie mich wie einen armen Lazarus behandeln.
Paul: Lazarus?
Richards: Es gibt eine Art von Mitleid, wissen Sie –
Paul: Wie kommen Sie auf Lazarus?«
Ebd., S. 689.

13 »Bayard: Was Ihr Wort betrifft, so kann ich Ihnen noch weitere Variationen geben.
Paul: Die meinen Zustand berühren?
Bayard: In meiner Muttersprache gibt es ein Wort, la certitude, die Gewißheit.
Paul: La certitude.
Bayard: Erinnert es nicht an Lazertis? Aber wessen ist man gewiß? La certitude, die Gewißheit – das ist wie eine Antwort, für die man die Frage nicht weiß.«
Ebd., S. 705.

14 »Bayard: Um noch eins zu sagen: Das brasilianische Leprosenheim war früher ein Kloster und lange Zeit hindurch von italienischen Mönchen bewohnt. Es heißt noch heute ›die Kartause‹, La Certosa.
Paul: Sie sind unerschöpflich, Dr. Bayard.
Bayard: Nicht wahr, es erinnert sehr an Lazertis? Ganz ohne Bedeutung ist das Wort nicht.
Paul: Es erinnert sehr daran.
Bayard: Und Sie werden noch viel Muße haben, das zu bedenken, die Ähnlichkeit gewissermaßen von innen kennenzulernen, wenn Sie erst dort sind.
Paul: Wo?
Bayard: In der Certosa. […] Es ist alles in Ordnung, Monsieur, Sie haben den Aussatz.«
Ebd., S. 706.

15 »Was man findet, ist das, was man gesucht hat.«
Ebd., S. 678.

16 Dr. Bayard, der auf Lazertis mit Laertes reagiert hat, bezeichnet später das Code-Wort bzw. die Verfänglichkeit einer solchen Deutung überhaupt als Witz. »Laertes« hat seinem Wunsch, den eigenen Sohn wiederzusehen, Auftrieb gegeben, ist so zum Bild eines hoffnungsvollen Vaters geworden. Doch wenn schon »Laertes«, dann »Laertes […] in Helsingör. Seine Schwester Ophelia, die den Prinzen Hamlet liebte, ertränkte sich im Wahnsinn. Ein hübscher Witz; wenn man ihn nicht begriffe, man könnte ihn nicht begreifen. Einer von den großen heimtückischen Witzen!« Ebd., S. 704–705.

17 Ebd., S. 711.

18 Günter Eich: Gesammelte Werke. Bd. I, Die Gedichte. © Suhrkamp Verlag, Frankfurt a. M. 1973. S. 92. Derselbe Gedichtband
Botschaften des Regens (1955) variiert das Thema im Gedicht *Betrachtet die Fingerspitzen*, S. 96; beide Gedichte gehen auf frühere
Texte zurück, die 1949 im Gedichtband *Untergrundbahn* veröffentlicht worden sind (vgl. S. 73 und 71).

19 Vgl. etwa das Gefälle der beiden Gedichte *Die Häherfeder* (1948
veröffentlicht; Ebd., S. 43) und *Tage mit Hähern* (1955 veröffentlicht; Ebd., S. 79). Zentral auch das Gedicht *Der große Lübbe-See*
(Ebd., S. 82).

20 Das letzte Gedicht des Bandes *Untergrundbahn* (1949) besitzt
z. B. eine stark religiös gefärbte Sprache:

Fragment

Das Wort, das einzige! Immer suche ichs,
das wie Sesam die Türen der Berge öffnet,
es, durch die gläsern gewordenen Dinge blickend
ins Unsichtbare –

Wörter waren vergebens. Oh Vokabeln der Seele, Versuch,
ohnmächtiger, zu benennen den Flug der Taube, da schon gewiß ward,
daß die Rose sich färbt unter anderem Zwang, in solcher
Beugung sich nicht die Berge beugten. [...]

Du Wort, einziges, allen Wörtern unähnlich und gemeinsam,
ich vernehme dich in den Farben, horche auf dich im Anblick des Laubs,
wie liegst du mir auf der Zunge!
Du, das ich gekannt habe,
du, dessen ich teilhaft war,
du, das im Schallen des Ohrs ganz nahe ist, –
dennoch faß ich dich
niemals, niemals, niemals!

Du, das Wort, das im Anfang war,
du, so gewiß wie Gott und so unhörbar,
wie soll ich hinnehmen deinen grausamen
Widerspruch, daß unaussprechlich zu sein
dein Wesen ist, oh Wort –?

Ebd., S. 77.

21 Ebd., S. 102.

22 Ebd., S. 102f.

23 Günter Eich: Gesammelte Werke, Bd. II, a.a.O., S. 711.

24 Ebd., S. 682.

25 Ebd., S. 708.

26 Günter Eich: Allah hat hundert Namen. Aus: Gesammelte
Werke. Bd. III, Die Hörspiele 2. © Suhrkamp Verlag, Frankfurt

a.M. 1973, S. 995–1037. Günter Eich hat das Hörspiel in den Monaten Februar und März 1957 geschrieben.

27 Ebd., S. 1009.

»Gott, wie Er im Koran offenbart wird, ist sowohl der strenge Richter als der Barmherzige, der Erbarmer. Er ist allwissend und weise; doch ist Er auch ›der beste der Ränkeschmiedenden‹. Die zahlreichen, oft in sich widersprüchlichen Attribute, die Gott im Koran beigelegt werden, bilden die Kette der Neunundneunzig Schönsten Namen, jener Namen, die in späteren mystischen Theorien eine so wichtige Rolle spielen sollten, das Gebetsleben bestimmten, manchmal auch in der Magie verwendet wurden. Die Hoffnung, den ›Größten Namen Gottes‹ zu entdecken, hat manch einen Sufi inspiriert, der davon träumte, höchste Seligkeit in dieser und jener Welt vermittels dieses heiligen Namens zu erreichen.« Annemarie Schimmel: Mystische Dimensionen des Islam. © Insel Verlag Frankfurt a.m. 1979, S. 29. Vgl. auch The Most Beautiful Names. Compiled by Sheikh Tosun Bayrak al-Jerrahi al-Halveti. Threshold Books, Putney (Vermont) 1985.

28 »Hakim: Vielleicht meint der Prophet, ich würde die Blasphemie in Paris besser verstehen als die Einfalt in Damaskus.

Fatime: Welch ein Aufwand!

Hakim: Tant der bruit, um es noch deutlicher zu sagen. Ich muß zugeben, daß mich der Prophet überschätzt hat.

Fatime *zornig:* Und du den Propheten!

Hakim: So ist es. Der hundertste Name Allahs: Ein Kalbsbraten. Wie enttäuschend!«

Günter Eich: Gesammelte Werke. Bd. III, Die Hörspiele 2, a.a.O., S. 1035.

29 Ebd., S. 1036. Dieser Dialog schließt mit einer mehrdeutigen Regie- bzw. Geräuschanweisung: *Ein Tor wird aufgestoßen.* Dann folgt der Schlussdialog.

30 Günter Eich: Gesammelte Werke. Bd. IV, Vermischte Schriften. © Suhrkamp Verlag, Frankfurt a. M. 1973, S. 439f.

»Ich bin Schriftsteller, das ist nicht nur ein Beruf, sondern die Entscheidung, die Welt als Sprache zu sehen. Als die eigentliche Sprache erscheint mir die, in der das Wort und das Ding zusammenfallen. Aus dieser Sprache, die sich rings um uns befindet, zugleich aber nicht vorhanden ist, gilt es zu übersetzen. Wir übersetzen, ohne den Urtext zu haben. Die gelungenste Übersetzung kommt ihm am nächsten und erreicht den höchsten Grad von Wirklichkeit.« Ebd., S. 441.

31 Bettina Bäumer: Befreiung zum Sein. Auswahl aus den Upanishaden. Ausgewählt, aus dem Sanskrit übersetzt und eingeleitet von Bettina Bäumer. Vorwort von Raimundo Panikkar. Benziger, Zürich / Einsiedeln / Köln 1986, S. 109.

32 Gemeint sind die zentralen Begriffe und die wichtigsten Sätze der Upanishaden.

33 Henri Le Saux / Svami Abhishiktananda: La montée au fond du cœur. Le journal intime du moine chrétien-sannyasi hindou. 1948–1973. Sélection avec introduction et notes de Raimundo Panikkar. O.E.I.L., Paris 1986. S. 50. Aus dem Französischen übersetzt durch den Autor.
Raimundo Panikkar, der Herausgeber des Tagebuchs, hat zu jedem Jahr die wichtigsten Ereignisse zusammengestellt. Auf seinen Angaben beruhen die biographischen Hinweise in diesem und in den späteren Kapiteln. Vgl. ebenso: Marie-Madeleine Davy: Henri Le Saux – Swami Abhishiktananda. Le Passeur entre deux rives. Le Cerf, Paris 1981. André Gozier: Le Père Henri Le Saux à la rencontre de l'hindouisme. Centurion, Paris 1989.

34 Der Name des Ashrams ist ein theologisches Programm, eine theologische Vision, vgl.: Henri Le Saux / Swami Abhishiktananda: Sagesse hindoue, mystique chrétienne. Une approche chrétienne de l'expérience advaitine. Préface de Jacques Dupuis. Centurion, Paris 1991.

35 Erst in späteren Jahren, unter der Leitung des englischen Benediktiners Bede Griffiths, sollte der Ashram zu einem wichtigen Anziehungspunkt werden.

36 Henri Le Saux / Swami Abhishiktananda: Das Geheimnis des heiligen Berges. Verlag Herder, Freiburg 1989, S. 20.

37 Advaita: Nichtdualität; die Lehre und mystische Erfahrung, dass Atman und Brahman, die innerste Mitte des Menschen und Gott, nicht zwei sind. Eine monistische Deutung der menschlichen Erfahrungen.

38 Ebd., S. 25f.

39 Henri Le Saux denkt an die Aufenthalte in den Höhlen des Berges Arunachala in Tiruvannamalai.

40 Henri Le Saux / Svami Abhishiktananda: La montée au fond du cœur, a.a.O., S. 99. Aus dem Französischen übersetzt durch den Autor. – Quietas = Ruhe

41 Eine Wendung, die Raimundo Panikkar geprägt hat. Ebd., S. 131.

42 Gefunden in: Henri Le Saux / Abhishiktananda: Das Feuer der Weisheit. O. W. Barth / Scherz, Bern / München / Wien 1979, S. 56–58.

43 Vgl. Ralph M. Steinmann: Guru-sisya-sambandha: Das Meister-Schüler-Verhältnis im traditionellen und modernen Hinduismus. Steiner, Wiesbaden 1986. Eine Darstellung ganz traditioneller Art liefert auch der Abschnitt über den Schüler und den Guru in B. K. S. Iyengar: Licht auf Yoga. Yoga Dipika. Yogastellungen und Atemübungen. O. W. Barth / Scherz, Bern / München / Wien 1990, S. 24–26.

Im Folgenden stütze ich mich vor allem auf das ausführliche Werk von Jacques Vigne: Le maître et le thérapeute. Un psychiatre en Inde. Albin Michel, Paris 1991.

44 Er berührt vor allem den Jinismus, die Sikhs und die Bhakti-Mystik.

45 Ebd., S. 175. Aus dem Französischen übersetzt durch den Autor.

46 Ebd., S. 176–177. Aus dem Französischen übersetzt durch den Autor.

47 Paramahansa Yogananda: Autobiographie eines Yogi. Vorwort von W. Y. Evans-Wentz. O. W. Barth, [ohne Ortsangabe] 1975.

48 Felix Helg: Psychotherapie und Spiritualität, a.a.O., S. 52. Zum eigentlichen Gegenpol der Guruverehrung hat sich Jiddu Krishnamurti stilisiert; seine strikten, entlarvenden, aufdeckenden Vorträge und Gespräche haben ihn weltweit für viele zum Anti-Guru werden lassen.

49 Ebd., S. 93f. Felix Helg führt auch ein Gespräch an, das Ramana mit einem Anwalt geführt hat und das mit den Sätzen endet:
»Anwalt: Wer ist Ihr Guru?
Ramana: Es gibt weder Guru noch Schüler für mich.
Anwalt: Kann jemand etwas erreichen ohne Guru?
Ramana: Nein.
Anwalt: Also wer ist Ihr Guru?
Ramana: Für mich ist das Selbst selber der Guru.«
Ebd., S. 59.

50 Ebd., S. 242–247.
Vgl. auch Georg Feuerstein: Heilige Narren. Über die Weisheit ungewöhnlicher Lehrer. W. Krüger, Frankfurt a. M. 1996. Georg Feuerstein: Holy Madness. The Shock Tactics and Radical Teachings of Crazy-Wise Adepts, Holy Fools, and Rascal Gurus. Paragon House, New York 1991.

51 Mundaka-Upanischad II, 2,1–2. Bettina Bäumer: Befreiung zum Sein, a.a.O., S. 84.

52 Jacques Brosse: Schweigen – Blüte – Lachen. Die Tradition des Zen. ©Walter Verlag, Düsseldorf/ Zürich 1994, S. 104.

53 Ebd., S. 13.

54 Brian A. (Daizen) Victoria: Zen, Nationalismus und Krieg. Eine unheimliche Allianz. Theseus, Berlin 1999.

55 Ebd., S. 269.

56 Etwa D. T. Suzuki, dessen Werke bereits in der ersten Hälfte des 20. Jahrhunderts die Diskussion über Zen in Europa und den USA anregten, oder Harada Sogaku, auf den sich Philip Kapleau bezieht, oder Kodo Sawaki, auf den sich Taisen Deshimaru immer wieder beruft und den er in seiner Autobiographie verherrlicht. Vgl. Taisen Deshimaru: Autobiographie eines Zen-Mönchs. Mit einem Nachwort von Michel Bovay. Theseus, Zürich 1986.

57 Aus einer Ansprache von Shaku Soen, dem Zen-Meister von D. T. Suzuki. Brian A. Victoria, Zen, Nationalismus und Krieg, a.a.O., S. 52.

58 Aus einem 1944 publizierten Artikel von Kodo Sawaki. Ebd., S. 63.

Brian A. Victoria führt auch Anekdoten aus den postum veröffentlichten *Erinnerungen von Sawaki Kodo* an:

»In seinem Buch mit dem Titel *Erinnerungen von Sawaki Kodo (Sawaki Kodo Kikigaki)* spricht Kodo zuerst über die Härten des Rekrutenlebens, als er unmittelbar vor Ausbruch des russisch-japanischen Krieges zum Militär eingezogen wurde. Bei Ausbruch des Krieges zog Kodo in den Kampf, und über seine dortigen Erlebnisse berichtet er:

Meine Kameraden und ich konnten gar nicht genug davon bekommen, Menschen zu töten. In der Schlacht am Baolisi-Tempel jagte ich unsere Feinde in ein Loch, wodurch ich sie sehr gut nacheinander erledigen konnte. Deshalb veranlaßte mein Kompaniechef die Ausstellung eines Empfehlungsschreibens für mich, das ich aber nie erhalten habe.

Kodo berichtet auch über ein Gespräch seiner Kameraden untereinander, in dem zum Ausdruck kommt, was sie über seinen Erfolg dachten:

›Wer zum Teufel ist dieser Kerl?‹
›Er ist nur ein Zen-Priester.‹
›Ich verstehe. Genau das, was man von einem Zen-Priester erwarten würde. Ein Mann mit Mumm.‹

Dieser schlichte Dialog ist vermutlich die erste dokumentierte Erwähnung der positiven Wirkung einer Zen-Ausbildung auf das Verhalten von Soldaten in der Schlacht aus moderner Zeit.« Ebd., S. 61–62.

59 Aus einem 1906 veröffentlichten Aufsatz von D. T. Suzuki. Ebd., S. 155.

60 D. T. Suzuki in dem erstmals 1938 veröffentlichten Werk *Zen and Its Influence on Japanese Culture*, später wieder aufgelegt unter dem Titel *Zen and Japanese Culture*. Ebd., S. 159–160.

Im Zusammenhang mit D. T. Suzuki berührt Brian A. Victoria auch die Faszination, die von der japanischen »Kriegskultur« und »Kriegskunst« auf wichtige Vertreter des nationalsozialistischen Deutschlands und des faschistischen Italien ausging.

Auch die ersten Kontakte Karlfried Graf Dürckheims mit Japan stehen unter dem Vorzeichen der bewunderten Kriegskunst, deutlich sogar noch in den vorsichtig gewählten Worten von Maria Hippius:

»Zu den Attributen einer gelungenen Entwicklung im Zen gehört neben Gleichmut und Heiterkeit auch die Präsenz im Augenblick und für den Augenblick. Das Erziehen einer Ritterkaste, wie es die Samurai waren, deren Tradition noch im japanischen Soldatentum lebt, meint – jenseits von Tod und Leben – einen Sieg, der über die ›Kunst‹, das opus magnum, führt. Was für den Abendländer Versuch in Kleingläubigkeit blieb, hatte in Japan ein richtungweisendes offizielles Gewicht. Es war die Tradition, Menschen in einer Weise vom übergegensätzlichen Sein her für das Leben zu erziehen, die die Kraft zum Dienen und Meistern gab.« Maria Hippius: Am Faden von Zeit und Ewigkeit. Zur Lebensgeschichte von Graf Karlfried Dürckheim. In: Transzendenz als Erfahrung. © 1966 alle deutschsprachigen Rechte by Scherz Verlag, Bern, München, Wien für den O.W. Barth Verlag, S. 20.

61 Brian A. Victoria: Zen, Nationalismus und Krieg. a.a.O., S. 257–258.

62 François-Albert Viallet: Zurück mit leeren Händen. Zen-Erfahrung. Walter, Olten / Freiburg i. Br. 1978.

63 Taïkan Jyoji: Tagebuch eines Zen-Meisters, der aus dem Westen kam. Aus dem Französischen von Peter Wild, © Benziger Verlag, Zürich/ Düsseldorf 1997.

64 Janwillem van de Wetering: Der leere Spiegel. Erfahrungen in einem japanischen Zen-Kloster. Rowohlt, Reinbek 1981. – Janwillem van de Wetering: Ein Blick ins Nichts. Erfahrungen in einer amerikanischen Zen-Gemeinde. Rowohlt, Reinbek 1985. – Janwillem van de Wetering: Reine Leere. Erfahrungen eines respektlosen Zen-Schülers. Rowohlt, Reinbek 1999.

65 Taïkan Jyoji: Tagebuch eines Zen-Meisters, der aus dem Westen kam, a.a.O., S. 31.

66 »Die strenge, kraftvolle Disziplin in den Klöstern hilft mit, die Ego-Reaktionen abzubauen. Die Disziplin als solche ist nicht das Ziel, sondern ein Werkzeug, das es uns leichter macht, die Hindernisse, die den Zugang zum wahren Selbst versperren, zu überwinden. Das ist der Grund, weshalb man eine Disziplin auferlegt; die Disziplin braucht man nicht zu lieben, sie ist nur ein Werkzeug.« Ebd., S. 65.

67 »Rinzai: Japanische Zen-Richtung […]. Eisai ([…] 1141–1215) bringt offiziell als erster den Zen nach Japan. Er reist zweimal nach China, wo er, vor allem im Kloster Tien-t'ung, die Zen-Praktiken erlernt.« Ebd., S. 245.

»Rinzai (japanisch): Mit dem Soto zusammen eine der noch bestehenden großen Schulen des Zen (chin. Chan). Sie ist 867 vom chinesischen Großmeister Lin-chi (Rinzai auf japanisch) gegründet worden, wurde am Ende des 12. Jahrhunderts von Eisai (1141–1215) in Japan eingeführt und im 18. Jahrhundert von Hakuin (1686–1769) reformiert. Die beiden Schulen vertreten grundsätzlich dieselbe Lehre, aber ihre Lehrmethoden unterscheiden sich erheblich. Die Rinzai-Schule verwendet systematisch Koans (Kanna-zen, Zen der ›Betrachtung des Wortes‹) und praktiziert Zazen zur Erlangung der Satori-Erfahrung.« Jacques Brosse: Schweigen – Blüte – Lachen, a.a.O., S. 282.

68 Taïkan Jyoji: Tagebuch eines Zen-Meisters, der aus dem Westen kam, a.a.O., S. 58. Vgl. auch S. 119–129.
Ein starker Kritiker der Koan-Schulung ist Janwillem van de Wetering in seinem neuesten Werk: Reine Leere. Erfahrungen eines respektlosen Zen-Schülers.
Georg Feuerstein bezeichnet den Meister als den eigentlichen Koan, vgl.: Holy Madness, a.a.O., S. 136.

69 Taïkan Jyoji, Tagebuch eines Zen-Meisters, der aus dem Westen kam, a.a.O., S. 78ff.

70 Ebd., S. 101.

71 Ebd., S. 131–135.

72 Ebd., S. 135.

73 Zwischen den Zeilen bietet das Buch auch ein Porträt seines Meisters: Taisen Deshimaru Roshi (1914–1982), ausdrücklich auf den S. 170–176. Taisen Deshimaru Roshi wird ebenfalls porträtiert in: Michel Bovay / Laurent Kaltenbach / Evelyn de Smedt: Zen. Pratique et enseignement, histoire et tradition, civilisation et perspective. Albin Michel / East-West Production, Paris / Zürich 1993. Vgl. auch die Autobiographie, von der schon die Rede war: Taisen Deshimaru Roshi: Autobiographie eines Zen-Mönchs.

74 Jacques Brosse: Schweigen – Blüte – Lachen, a.a.O., S. 64.

75 Ebd., S. 97. Jacques Brosse erzählt die Legende ausführlicher.

76 Ebd., S. 98.

77 Ebd., S. 155.

78 Vgl. Tetsuo Nagaya Kiichi Roshi: Tuschspuren – Bokuseki, a.a.O.

79 Ebd., S. 17.

80 Ebd., S. 100–101.

81 Hafis, Rumi, Omar Chajjam – Die schönsten Gedichte aus dem klassischen Persien. Aus dem Persischen von Cyrus Atabay. Verlag C. H. Beck, München 1998, S. 53.

82 Vgl. Annemarie Schimmel: Mystische Dimensionen des Islam. © Insel Verlag Frankfurt a.M. 1979. Jürgen W. Frembgen: Derwische. Gelebter Sufismus. Wandernde Mystiker und Asketen im islamischen Orient. DuMont, Köln 1993.

83 Annemarie Schimmel: Mystische Dimensionen des Islam,

a.a.O., S. 114f. Annemarie Schimmel bringt in ihrem Text einen Satz aus Dschalaluddin Rumis großem theologischen Erzählwerk *Mathnawi:* »Wer ohne Führer reist, braucht zweihundert Jahre für eine Reise von zwei Tagen.«

84 Es gibt verschiedene Gedichtausgaben. Empfehlenswert sind: Dschalaluddin Rumi: Vierzeiler. Ausgewählt, aus dem Persischen übertragen und erläutert von Gisela Wendt. Castrum Peregrini Presse, Amsterdam 1989. – Dschalaluddin Rumi: Traumbild des Herzens. Hundert Vierzeiler. Ausgewählt, aus dem Persischen übertragen, eingeleitet und erläutert von Johann Christoph Bürgel. Manesse, Zürich 1992. – Hafis, Rumi, Omar Chajjam – Die schönsten Gedichte aus dem klassischen Persien. Übertragen von Cyrus Atabay. Aus dem Persischen von Cyrus Atabay. Verlag C. H. Beck, München 1998.

85 Maulana Dschelaladdin Rumi: Von Allem und vom Einen. Fihi ma fihi. Aus dem Persischen und Arabischen übersetzt von Annemarie Schimmel. Diederichs bei Heinrich Hugendubel Verlag Kreuzlingen, München 1988. Mir persönlich entspricht die französische Übersetzung von Eva de Vitray-Meyerovitch mehr: Djalal-ud-Din Rumi: Le Livre du Dedans. Sindbad, Paris 1982.

86 Maulana Dschelaladdin Rumi: Von Allem und vom Einen, a.a.O., S. 102.

87 Ebd., S. 191.

88 Ebd., S. 119. Der persische Ausdruck »Pir« meint dasselbe wie Scheich.

89 Ebd., S. 102.

90 Ebd., S. 103. Im zwölften Gespräch weist er darauf hin, dass es vor allem die innere Sicherheit ist, die einen Heiligen, einen Scheich, auszeichnet. »Es gibt auch gewaltige Unterschiede zwischen Sicherheit und Sicherheit. Es war im Hinblick auf Sicherheit, dass Muhammad allen Propheten überlegen war – sonst, alle Propheten sind in Sicherheit und haben die Furcht hinter sich gelassen. Es gibt Stationen in der Sicherheit […], aber die Stationen der Sicherheit haben keine Zeichen. […] Die Stationen über See von Antalya nach Alexandrien sind ohne Zeichen. Die kennt der Kapitän des Schiffes, aber man nennt sie den Landbewohnern nicht, weil sie sie nicht verstehen können.« Ebd., S. 112.

91 Ebd., S. 306.

92 Ebd., S. 220.

93 Ebd., S. 221.

94 Ebd., S. 273.

95 Ebd., S. 114.

96 Für die biographischen und kulturellen Hintergründe: Annemarie Schimmel: Rumi. Ich bin Wind und du bist Feuer. Leben und

Werk des großen Mystikers. Diederichs, Düsseldorf / Köln 1978. – Eva de Vitray-Meyerovitch / Marie-Pierre Chevrier: Le Chant du Soleil. La Table Ronde, Paris 1993. – Eva de Vitray-Meyerovitch: Konya ou la Danse Cosmique. Jacqueline Renard, Paris 1989.

97 Annemarie Schimmel: Rumi. Ich bin Wind und du bist Feuer, a.a.O., S. 44.

98 Hafis, Rumi, Omar Chajjam – Die schönsten Gedichte aus dem klassischen Persien, a.a.O., S. 44.

99 Dschalaluddin Rumi: Vierzeiler, a.a.O., S. 30.

100 Hafis, Rumi, Omar Chajjam – Die schönsten Gedichte aus dem klassischen Persien, a.a.O., S. 43f.

101 Maulana Dschelaladdin Rumi: Von Allem und vom Einen, a.a.O., S. 200.

102 Willigis Jäger: Die Welle ist das Meer. Herder/Spektrum, Band 5046. Verlag Herder, Freiburg 2. Auflage 2001, S. 170.

103 Eine ausgezeichnete Darstellung der spirituellen und psychologischen Führung im Rahmen einer ostkirchlichen Tradition bietet: Jean-Yves Leloup: Écrits sur l'Hésychasme. Une tradition contemplative oubliée. Albin Michel, Paris 1990.

104 Die biographischen Angaben zu Henri Le Saux stammen, wie schon angedeutet, aus dem Tagebuch bzw. aus den einleitenden Teilen des Tagebuchs. Henri Le Saux / Svami Abhishiktananda: La montée au fond du cœur, a.a.O.

105 Vgl. Bede Griffiths: Leben im christlichen Ashram. Mit Fotos von Andreas Hoffmann und einem Vorwort von Michael von Brück. Hrsg. von Bogdan Snela. Kösel, München 1990.

106 Peter Köster: Ich gebe euch ein neues Herz. Einführung und Hilfen zu den Geistlichen Übungen des Ignatius von Loyola. Mit einem Geleitwort von Karl Rahner. © Katholisches Bibelwerk, Stuttgart 1978, S. 30. Vgl. S. 27–30 »Zur Rolle und Aufgabenbeschreibung des Exerzitienleiters«.

107 Marie-Madeleine Davy: Henri Le Saux / Swami Abhishiktananda. Le Passeur entre deus rives, a.a.O., S. 157–159. Der von ihr erwähnte Artikel *L'expérience de Dieu dans les religions d'Extrême-Orient* ist abgedruckt in: Henri Le Saux / Swami Abhishiktananda: Lex yeux de lumière. Écrits spirituels présentés par André Gozier et Joseph Lemarié. Le Centurion 1979, S. 23–37.

108 Henri Le Saux / Swami Abhishiktananda: Les yeux de lumière, a.a.O., S. 35–37. Aus dem Französischen übersetzt durch den Autor.

109 Die wichtigsten seiner Werke werden im Kapitel »Die Krypta des Herzens« erwähnt.

110 Einige Briefe sind abgedruckt in: Henri Le Saux / Swami Abhishiktananda: Les yeux de lumière, a.a.O., S. 133–176.

111 Henri Le Saux / Svami Abhishiktananda: La montée au fond du cœur, a.a.O., S. XXII–XXIII. Aus dem Französischen übersetzt durch den Autor.

112 Nach der *diksha*, der Initiation, ist der Schüler selbständig; als Sannyasi zieht er frei durch die Welt und sucht sich seine Nahrung; oft wird sie ihm als Almosen gereicht. Bis zur Initiation ist der Schüler ganz dem Guru unterstellt, was oft bedeutet, dass der Guru für den Lebensunterhalt seines Schülers aufkommt (durch Gaben, die andere Menschen ihm bzw. dem Ashram zukommen lassen).

113 Ebd., S. 465. Aus dem Französischen durch den Autor.

114 »Ich bin so vielfach in den Nächten«. Traumgedichte. Hrsg. von Magdalena Rüetschi und Peter Wild. Pendo, Zürich / München 1999. Magdalena Rüetschi hat Kinderbücher und zwei Lyrikbände veröffentlicht: Pascal's Zimmer. Gedichte. Im Waldgut, Frauenfeld 1992. – Wer aber weiterzieht. Gedichte. Im Waldgut, Frauenfeld 1998.

115 Magdalena Rüetschi: Pascal's Zimmer, a.a.O., S. 7, 38. Magdalena Rüetschi: Wer aber weiterzieht, a.a.O., S. 10, 13, 39, 44–45.

116 Marie-Madeleine Davy: Die Wandlung des inneren Menschen, a.a.O., S. 15.

117 Ebd., S. 84.

118 Ebd., S. 86.

119 Eine der neuesten und eine eigenwillige Darstellung der Begriffsgeschichte vom inneren Meister hat Eugen Biser geschrieben: Eugen Biser: Der inwendige Lehrer. Der Weg zu Selbstfindung und Heilung. Piper, München / Zürich 1994. Ausgehend von der inneren Erfahrung, die die Mystiker gemacht haben und die sich auch heute bei vielen Menschen einstellt, appelliert Eugen Biser an die religiöse, spirituelle und ethische Selbstverantwortung eines jeden Menschen. Nur eine solche innerlich begründete Selbstverantwortung verhindert seiner Ansicht nach eine weitere Entmündigung des Menschen durch die kirchlichen Institutionen.

120 Übersetzung: Jürgen Becker. Jürgen Becker: Paulus. Der Apostel der Völker. Mohr-Siebeck, Tübingen 1989, S. 400.

121 Wie bei den synoptischen Evangelien sind auch beim Johannesevangelium die Entstehungsgeschichte und dadurch die Deutung der einzelnen Textstellen vielschichtig und komplex. Der Aufbau der Abschiedsrede (Joh 13,31–14,31) und die Einfügung dieser Rede in den vorgegebenen Passionsbericht werden dem Evangelisten zugeschrieben. Die Abschiedsrede hat später durch im Auftrag der Gemeinde redaktionell tätige Theologen mehrere Nachträge erhalten: 15,1–17,26. Vgl. Jürgen Becker: Das Evangelium nach Johannes. 2 Bde. Gütersloher Verlagshaus/Echter, Gütersloh / Würzburg 1991.

122 Übersetzung: Jürgen Becker. Ebd., S. 545.

123 Übersetzung: Jürgen Becker. Ebd., S. 544. Das griechische Wort »Paraklet« meint: Beistand (vor Gericht), Helfer, Tröster.

124 Zitiert in: Eugen Biser: Der inwendige Lehrer, a.a.O., S. 23.

125 Manfred Baumotte (Hrsg.), Kleine Philokalie, aus dem Russischen von Matthias Dietz © Benziger Verlag, Düsseldorf/ Zürich, S. 81.

126 Der Text ist nur verständlich, wenn wir wissen, dass in der griechischen Sprache dasselbe Wort für Atem und Geist stehen kann.

127 Ebd., S. 131.

128 Pseudo-Symeon zugeschrieben. In: Jean Gouillard: Kleine Philokalie zum Gebet des Herzens. Thomas, Zürich 1957, S. 166. Vgl. auch die Textauswahl zum Thema zum »Gottes Haus Herz« in: Gottes Häuser. Fotografiert von Andreas Hoffmann. Einleitungen und Textauswahl von Peter Wild. Kiefel, Gütersloh 1997, S. 56–63.

129 Heinrich Seuse / Johannes Tauler: Mystische Schriften. Werkauswahl von Winfried Zeller. Hrsg. von Bernd Jaspert. Diederichs, München 1988, S. 162.

130 Ebd., S. 164–165.

131 Angelus Silesius: Cherubinischer Wandersmann. Auswahl und Nachwort von Hans Urs von Balthasar. Johannes, Einsiedeln 1980, S. 39.

132 Heinrich Seuse / Johannes Tauler: Mystische Schriften, a.a.O., S. 14.

133 Ebd., S. 10.

134 Angelus Silesius: Cherubinischer Wandersmann, a.a.O., S. 16.

135 Ebd., S. 11.

136 Ebd., S. 14.

137 Caecilia Bonn: Im Herzen der Schöpfung. Meditationen zu Miniaturen aus den Werken von Hildegard von Bingen. Pattloch, Augsburg 1997, S. 46. Die Abbildung befindet sich auf S. 47, aber auch in: Heinrich Schipperges: Die Welt der Hildegard von Bingen. Herder, Freiburg i. Br. 1997, S. 72.

138 Nikolaus von Flüe: Erleuchtete Nacht. Holzschnitte zu seinen Visionen von Alois Spichti, mit Texten von Margrit Spichtig. Herder, Freiburg i. Br. 1981, S. 81, 117–119.

139 Heinrich Seuse / Johannes Tauler: Mystische Schriften, a.a.O., S. 158–159.

140 »Ich bin so vielfach in den Nächten«. Traumgedichte, a.a.O., S. 178.

141 Roberto Juarroz: Dreizehnte Vertikale Poesie (28). Residenz Verlag, Salzburg 1997. Aus dem argentinischen Spanisch und mit einem Nachwort von Tobias Burghardt © 1993 by Roberto Juar-

roz, Buenos Aires © by Tobias Burghardt, Stuttgart, S. 39. Juarroz zitiert in der ersten Strophe einen berühmten Vers von Angelus Silesius:

Ohne warum
Die Ros ist ohn warum; sie blühet, weil sie blühet,
Sie acht nicht ihrer selbst, fragt nicht, ob man sie siehet.

Angelus Silesius: Cherubinischer Wandersmann, a.a.O., S. 83.

142 Roberto Juarroz: Dreizehnte Vertikale Poesie (82), a.a.O., S. 116. Im Originaltext spielt Juarroz mit den Wendungen *estar solo*, allein sein, und *ser solo*, einsam sein. Was Juarroz als »vereinsamt« beschreibt, bezeichnen die Mystiker als Abgeschiedenheit.

143 Die Anweisungen zur Meditation bleiben verhältnismäßig kurz. Für eine ausführliche Auseinandersetzung mit den wichtigsten Grundregeln der Meditationspraxis empfehle ich ein anderes Buch: Peter Wild: Finde die Stille. Spiritualität im Alltag. Ein Übungsbuch. Herder, Freiburg i. Br. 2000.

144 Ebd., S. 64–73. Vgl. auch: Peter Wild: Vom aufgeräumten Wesen. Zehn Meditationsübungen. Am Eschbach, Eschbach 2000, S. 4–9.

145 Roberto Juarroz: Dreizehnte Vertikale Poesie (9), a.a.O., S. 15.

146 Kraft aus der Tiefe. Meditationen zum Meditationsbild des Bruder Klaus von Peter Wild und Hans Ulrich Jäger. Fastenopfer der Schweizer Katholiken / Brot für Brüder, Luzern / Basel 1981.

147 Jesus – 2000 Jahre Glaubens- und Kulturgeschichte. Herder, Freiburg i. Br. 1999. Dieser Band bildet mit seinen Illustrationen einen Überblick über die vielfältigen Jesus-Darstellungen im Laufe der Kunstgeschichte.

148 Zur Theologie des »Abba« vgl. Georg Baudler: El Jahwe Abba. Wie die Bibel Gott versteht. Patmos, Düsseldorf 1996. – Zur Meditationspraxis des »Abba« vgl. Peter Henrici / Peter Wild: Entdeckung Jesu. Übungen zur christlichen Meditation. Kösel, München 1993.

149 In der christlichen Tradition ist diese spirituelle Grundhaltung oft mit »marianisch« wiedergegeben worden, weil in der Gestalt Marias, so wie sie in den Evangelien gezeichnet wird, diese Grundhaltung zum Ausdruck kommt.

150 Walter Helmut Fritz: Gesammelte Gedichte 1979–1994. Copyright © 1994 by Hoffmann und Campe Verlag, Hamburg, S. 68.

151 Aus: Heinrich Zimmer: Der Weg zum Selbst. Lehre und Leben des Shrî Ramana Maharshi, erschienen in Diederichs Gelben Reihe, bei Diederichs im Heinrich Hugendubel Verlag Kreuzlingen, München, S. 23–25.

152 Ebd., S. 26–27.

153 Wohl am packendsten nachzulesen in: Georg Feuerstein: Holy Madness, a.a.O. – Janwillem van de Wetering: Reine Leere. Erfahrungen eines respektlosen Zen-Schülers, a.a.O.

154 Vgl. Georg Feuerstein: Holy Madness, a.a.O., S. 127f.

155 Als neues und gutes Beispiel, das wiederum andere Versuche vorstellt und diskutiert: Felix Helg: Psychotherapie und Spiritualität, a.a.O.

156 Henri Le Saux / Abhishiktananda: La montée au fond du coeur, a.a.O.

157 Eine Notiz aus dem Jahre 1952. Ebd., S. 44. Übersetzt durch den Autor.

158 Die Sätze enthalten Anspielungen auf Sätze aus dem Johannesevangelium.

159 Der lateinische Satz lautet: Ich und der Vater sind eins. Dvaita = Dualität, advaita = Nichtdualität.

160 Der lateinische Satz lautet: Ich habe Mitleid mit dem Volk.

161 Der lateinische Satz lautet: Ich gebe mein Leben für sie hin.

162 Sraddha = Vertrauen und Hingabe an den Guru.

163 Atman = das Selbst, der tiefste Grund im Menschen, aber auch im Kosmos. Paramatman = das höchste Selbst, Gott.

164 Santam = Friede, sivam = Gnade, advaitam = Nichtdualität.

165 Ebenfalls eine Notiz aus dem Jahre 1952. Ebd., S. 51. Übersetzung durch den Autor.

166 Eine Notiz aus dem Jahre 1953. Ebd., S. 91. Übersetzung durch den Autor. Die Begegnung und Gespräche mit Harilal vgl. Henri Le Saux / Swami Abhishiktananda: Das Geheimnis des heiligen Berges, a.a.O., S. 103ff. Hinduismus saguna = der Hinduismus als Religion mit seinen Riten, Vorschriften, Kunstwerken, heiligen Orten usw.

167 Eine Notiz aus dem Jahre 1956. Ebd., S. 211. Übersetzung durch den Autor.

168 Koinonia = Gemeinschaft.

169 In sinu Patris = im Herzen des Vaters.

170 Vyakti = Manifestation, Realisierung.

171 Eine Notiz aus dem Jahre 1971. Ebd., S. 406. Übersetzung durch den Autor.

172 Eine Notiz aus dem Jahre 1971. Ebd., S. 411. Übersetzung durch den Autor. Guha = Höhle, gemeint ist die innere Höhle des Herzens.

173 Eine Notiz aus dem Jahre 1972. Ebd., S. 435. Übersetzung durch den Autor.

174 Vgl. Hansgünter Ludewig: »Du durchdringest alles«. Gebet im Alltag bei Gerhard Tersteegen. Archiv der Evang. Kirche im Rheinland, Düsseldorf 1997.

175 Ebd., S. 20.

176 Ebd., S. 21–22.
177 Gerhard Tersteegen: Eine Auswahl aus seinen Schriften. Hrsg.
     von Walter Nigg. Brockhaus, Wuppertal 1967, S. 116–117.
178 Ich folge dem Text in Reinhard Deichgräber: Gott ist genug.
     Liedmeditation nach Gerhard Tersteegen. Vandenhoeck & Rup-
     recht / Friedrich Pustet, Göttingen / Regensburg 1975, S. 14–15.
179 Walter Helmut Fritz: Gesammelte Gedichte 1979–1994, a.a.O.,
     S. 77.
180 Vgl. S. 97–101.
181 Werner Lutz: Die Mauern sind unterwegs. Gedichte. © 1996 by
     Ammann Verlag & Co., Zürich, S. 27.
182 Vgl. S. 102–103.
183 Vgl. S. 120–121.
184 Philippe Jaccotet: Antworten am Wegrand. Aus dem Französi-
     schen von Elisabeth Edl und Wolfgang Matz © 2001 Carl Hanser
     Verlag, München – Wien, S. 50.
185 Henri Le Saux / Abhishiktananda: La montée au fond du coeur,
     a.a.O., S. 469.
186 Von Philippe Jaccottets Werken sind mehrere auf Deutsch er-
     schienen: Der Spaziergang unter den Bäumen. Benziger, Zürich /
     Köln 1981 © La Bibliothèque des Arts Lausanne – Gedichte.
     Klett-Cotta, Stuttgart 1985 – Elemente eines Traumes. Klett-
     Cotta, Stuttgart 1988 – Landschaften mit abwesenden Figuren.
     Klett-Cotta, Stuttgart 1992 – Fliegende Saat. Aufzeichnungen
     1954–1979. Hanser, München / Wien 1995 – Nach so vielen
     Jahren. Aus dem Französischen von Elisabeth Edl und Wolfgang
     Matz © 2001 Carl Hanser Verlag, München – Wien – Antworten
     am Wegrand, a.a.O.
187 Philippe Jaccottet: Antworten am Wegrand, a.a.O., S. 12.
188 Philippe Jaccottet: Nach so vielen Jahren, a.a.O., S 73.
189 Ebd., S. 7f.
190 Philippe Jaccottet: Der Spaziergang unter den Bäumen, a.a.O.,
     S. 97–98.
191 Ebd., S. 109–110.
192 Philippe Jaccottet: Antworten am Wegrand, a.a.O., S. 53.

Literatur

Albrecht, Carl: Das mystische Erkennen. Gnoseologie und philosophische Relevanz der mystischen Relation. C. Schünemann, Bremen 1958

Albrecht, Carl: Psychologie des mystischen Bewusstseins. Grünewald / Quell, Mainz / Stuttgart 1976

Anthony, Dick: The outer master as the inner guide: autonomy and authority in the process of transformation. In: The Journal of Transpersonal Psychology 14 (1982) Nr. 1, 1–36

Aufrichtige Erzählungen eines russischen Pilgers. Hrsg. von Emmanuel Jungclaussen. Herder, Freiburg i. Br. 1974

Augustinus, Aurelius: Der Lehrer. De magistro liber unus. Ferdinand Schöningh, Paderborn 1959

Biser, Eugen: Der inwendige Lehrer. Der Weg zu Selbstfindung und Heilung. Piper, München / Zürich 1994

Brosse, Jacques: Schweigen – Blüte – Lachen. Die Tradition des Zen. © Walter Verlag, Düsseldorf / Zürich 1994

Cognet, Louis: Gottes Geburt in der Seele. Einführung in die Deutsche Mystik. Herder, Freiburg i. Br. 1980

Davy, Marie-Madeleine: Die Wandlung des inneren Menschen. Der Weg zum wahren Selbst. © Otto Müller Verlag, Salzburg, 1. Auflage 1986

Eich, Günter: Gesammelte Werke, Bde. I–IV, © Suhrkamp Verlag, Frankfurt a.M. 1973

Feuerstein, Georg: Holy Madness. The Shock Tactics and Radical Teachings of Crazy-Wise Adepts, Holy Fools, and Rascal Gurus. Paragon House, New York 1991

Gramlich, Richard: Die schiitischen Derwischorden. Steiner, Wiesbaden 1976

Guardini, Romano: Das Christusbild der paulinischen und johanneischen Schriften. Mainz / Paderborn 1987

Helg, Felix: Psychotherapie und Spiritualität. Östliche und westliche Wege zum Selbst. © Walter Verlag, Düsseldorf / Zürich 2000

Hummel, R.: Gurus, Meister, Scharlatane. Zwischen Faszination und Gefahr. Herder, Freiburg i. Br. 1996

Jungclaussen, Emmanuel: Der Meister in dir. Entdeckung der inneren Welt nach Johannes Tauler. Herder, Freiburg i. Br. 1981

Jyoji, Taïkan: Tagebuch eines Zen-Meisters, der aus dem Westen kam. Aus dem Französischen von Peter Wild, © Benziger Verlag, Zürich / Düsseldorf 1997

Keller, Carl-A.: Approche de la mystique. 2 Bde. Editions Ouverture, Collection «Théologie et spiritualité», Le Mont-sur-Lausanne 1989 – Vor allem Bd. 1, S. 67–104

187

Kets de Vries, Manfred F. R.: Führer, Narren und Hochstapler. Essays über die Psychologie der Führung. Internationale Psychoanalyse, Stuttgart 1998

Le maître spirituel dans les grandes traditions d'Occident et d'Orient. In: Hermès 4, 1966–1967

Le Saux, Henri / Svami Abhishiktananda: La montée au fond du cœur. Le journal intime du moine chrétien-sannyasi hindou 1948–1973. Sélection avec introduction et notes de Raimundo Panikkar avec la collaboration de l'Abhishiktananda Society. O.E.I.L., Paris 1986

Le Saux, Henri / Swami Abhishiktananda: Das Feuer der Weisheit. O. W. Barth / Scherz, Bern / München / Wien 1979

Le Saux, Henri / Swami Abhishiktananda: Das Geheimnis des heiligen Berges. Als christlicher Mönch unter den Weisen Indiens. Verlag Herder, Freiburg 1989

Le Saux, Henri / Swami Abhishiktananda: Sagesse hindoue, mystique chrétienne. Une approche chrétienne de l'expérience advaitine. Centurion, Paris 1991

Leloup, Jean-Yves: Écrits sur l'Hésychasme. Une tradition contemplative oubliée. Albin Michel, Paris 1990

Rahner, Hugo: Die Gottesgeburt. Die Lehre der Kirchenväter von der Geburt Christi im Herzen der Gläubigen. In: Zeitschrift für katholische Theologie 59 (1935), 333–418

Rumi, Maulana Dschelaladdin: Von Allem und vom Einen. Fihi ma fihi. Aus dem Persischen und Arabischen übersetzt von Annemarie Schimmel. Diederichs bei Heinrich Hugendubel Verlag Kreuzlingen, München 1988

Steinmann, Ralph M.: Guru-śiṣya-sambandha: Das Meister-Schüler-Verhältnis im traditionellen und modernen Hinduismus. Steiner, Wiesbaden 1986

Storr, Anthony: Feet of Clay. Saints, Sinners, and Madmen: A Study of Gurus. Free Press Paperbacks, Simon & Schuster, New York 1997 – ZB Zürich: GGN 68033

van de Wetering, Janwillem: Der leere Spiegel. Erfahrungen in einem japanischen Zen-Kloster. Rowohlt Taschenbuch, Reinbek 1981

van de Wetering, Janwillem: Ein Blick ins Nichts. Erfahrungen in einer amerikanischen Zen-Gemeinde. Rowohlt Taschenbuch, Reinbek 1985

van de Wetering, Janwillem: Reine Leere. Erfahrungen eines respektlosen Zen-Schülers. Rowohlt, Reinbek 1999

Victoria, Brian A.: Zen, Nationalismus und Krieg. Eine unheimliche Allianz. Theseus Verlag, Berlin 1999.

Vigne, Jacques: Le maître et le thérapeute. Un psychiatre en Inde. Albin Michel, Paris 1991

Die Deutsche Bibliothek – CIP-Einheitsaufnahme
Ein Titeldatensatz für diese Publikation ist bei
Der Deutschen Bibliothek erhältlich.

1 2 3 4 5   05 04 03 02 01

© 2001 Kreuz Verlag GmbH & Co. KG Stuttgart, Zürich
Ein Unternehmen der Verlagsgruppe Dornier
Postfach 80 06 69, 70506 Stuttgart, Tel.: 0711/78 80 30
Sie erreichen uns rund um die Uhr unter www.kreuzverlag.de
Umschlaggestaltung: Atelier Reichert, Stuttgart
Satz: de·te·pe, Aalen
Druck und Bindung: GGP Media, Pößneck

Die Schreibweise entspricht den Regeln
der neuen Rechtschreibung.

ISBN 3 7831 1989 8

Meditation und Einkehr

Michael Albus
**Stundenbuch
der Wüste**
128 Seiten mit
50 farbigen
Abbildungen,
Hardcover
ISBN 3 7831 2008 X

Ein anregendes Buch über die Wüste als Ort des Abenteuers, aber auch des Betens und der Kontemplation. Die meditativen Texte von Albert Camus, Antoine de Saint-Éxupery und vielen anderen namhaften Autoren artikulieren die Sehnsucht des modernen Menschen nach Ruhe und der Einkehr zu sich selbst.

KREUZ: Was Menschen bewegt.
www.kreuzverlag.de